World Food Café
Quick & Easy

Vegetarische Rezepte aus aller Welt

World Food Café

Quick & Easy

Vegetarische Rezepte
aus aller Welt

CHRIS UND
CAROLYN CALDICOTT

Verlag Freies Geistesleben

Aus dem Englischen von Sebastian Hoch

1. Auflage 2013

ISBN 978-3-7725-2651-0

Verlag Freies Geistesleben
Landhausstraße 82 | 70190 Stuttgart
www.geistesleben.de

Die Originalausgabe erscheint 2013 unter dem Titel
«World Food Café Quick and Easy: Recipes from a
Vegetarian Journey»
bei Frances Lincoln Limited, London
© Frances Lincoln Limited 2013
© Text: Chris und Carolyn Caldicott 2013
© Fotos: Chris Caldicott 2013
© Food Styling und Rezepte: Carolyn Caldicott 2013

Für die deutsche Ausgabe:
© 2013 Verlag Freies Geistesleben & Urachhaus
GmbH, Stuttgart
Druck: Gorenjski Tisk, Kranj
Printed in Slovenia

Seite 1: **Straßenhändler in der Altstadt
von Hanoi, Vietnam**

Seiten 2 – 3: **Blick in die Atacama-
Wüste in Chile (links); Mönchsnovizen
am Paro Dzong in Bhutan (rechts)**

Seiten 4 – 5: **Auf einer Jacht vor Kuba;
Malerarbeiten in Bangladesch; eine
Schale Moltebeeren in Lappland**

Seite 6: **Flussschifffahrt auf dem
Irrawaddy in Burma**

Alle Rezepte in diesem Buch sind für vier üppige oder sechs moderate Portionen ausgelegt, wenn nichts anderes vermerkt wurde. Die Länder sind alphabetisch und nicht nach Regionen geordnet. Im Anhang sind alle Rezepte aus den Ländern verzeichnet.

Inhalt

Einleitung

Dieses Buch, unser mittlerweile drittes in der Reihe «World Food Café», ist eine neue Zusammenstellung von schnell und einfach zuzubereitenden vegetarischen Gerichten, die wir auf unseren jüngsten Reisen zu einigen der wohl aufregendsten Ziele dieser Welt sammelten. Die meisten Reisen führten uns dabei in Länder, in denen wir zuvor noch nie waren – und dort entdeckten wir völlig neue Geschmacksrichtungen und Zubereitungsarten. Andere wiederum gingen in Länder, in denen wir seit vielen Jahren nicht mehr gewesen waren. Hier wollten wir neue Gegenden erkunden und uns auf die Suche nach Gerichten machen, die wir niemals zuvor probiert hatten. Wir entdeckten dabei die vegetarische Küche in ihrer geschmackvollsten und eindrücklichsten Art. Doch selbst jene Rezepte, die am exotischsten klingen, sind in den Ländern, in denen wir sie gefunden haben, Alltagsgerichte.

Ganz gleich, wie wir reisten, es galt, das zu essen, was wir vorfanden, auch wenn wir manchmal nur mit dem kochen konnten, was wir selbst im Gepäck mitgenommen hatten. Einige Rezepte stammen von den heimischen Herden der Menschen, die wir auf unseren Reisen trafen, andere fanden wir in Schiffskombüsen, Straßencafés oder an Verkaufsständen an Flussufern. Wieder andere wurden für uns an so unterschiedlichen Orten wie beispielsweise in Zelten an abgelegenen Gebirgshängen, Restaurants in quirligen Städten oder improvisierten Küchen während spezieller Events zubereitet.

Unsere Reise in Birma fand auf dem Irrawaddy flussaufwärts auf einem umgewandelten Rhein-Kreuzfahrtschiff statt. In Bangladesch navigierten wir auf einem altertümlichen flachen Raddampfer durch das Ganges-Delta. Wir folgten dem Mekong entlang des gesamten laotischen Ufers in einer Kombination aus lokalen Booten und Fähren und erkundeten das Land auf langen Touren per Auto. In Chile vereinten wir das Fahren mit dem Wandern, um die Anden hinüber nach Argentinien zu queren. Auf unserer Tour zum Tiger-Kloster in Bhutan war Wandern die einzige Möglichkeit, um unser Ziel zu erreichen, wobei ein Großteil der Strecke durch frischen Schnee führte. In Namibia wiederum waren die Distanzen so groß, dass wir einzelne Etappen per Flugzeug zurücklegen mussten, um etwa die straßenlose Skelett-Küste erkunden zu können. Pures Vergnügen war das Fahren in einem Kabriolett aus den 1950er Jahren auf den leeren Straßen Kubas. Ein anderer großartiger Road-Trip – vor den verheerenden Unruhen, die nun dieses schöne Land zerstören – führte durch Syrien, vom antiken Damaskus zu den noch älteren Überresten von Palmyra. In Japan ermöglichten es uns die schnellsten und komfortabelsten Züge der ganzen Welt, große Distanzen auf einfache und bequeme Weise zurückzulegen – ganz im Gegensatz zum «Wiedervereinigungsexpress», der uns in sehr behäbigem Tempo die Küste Vietnams entlang führte. Die langsamste Art des Reisens war jedoch das Folgen der Rentierherden in Lappland, die vom halbnomadischen Volk der Samen, mit denen wir etwas Zeit verbringen durften, für den Winter zusammengetrieben wurden.

BANGLADESCH

Nicht ganz so langsam mit einem Raddampfer den Ganges hinab

Seiten 8 – 9: **An den Ufern des Flusses Padma**

Im Uhrzeigersinn von links oben: **Fischerboote auf dem Ganges; Kochstelle an Bord der Mahsud; Raddampfer, «Rockets» genannt, sind ein beliebtes Fortbewegungsmittel in Bangladesch; der Natore Rajbari war einst ein königlicher Familien- und Wohnsitz**

Auf dem Oberdeck des Dampfers «Mahsud» sahen wir der Sonne dabei zu, wie sie versuchte, sich ihren Weg durch eine schier undurchdringliche Wand aus Monsunwolken und dichtem Flussnebel zu bahnen. Scharfe Strahlen orangefarbenen Lichts schienen die winzig erscheinenden Kanus der Fischer in der Weite des riesigen Flusses zu suchen. An den Ufern zeichneten sich die Silhouetten der Palmen ab, welche die Dörfer aus reetgedeckten Lehmhäusern turmhoch überragten. Der Rauch von verbranntem Holz aus hundert Kochstellen, an denen gerade das Frühstück zubereitet wurde, vermischte sich mit dem Nebel. Frauen, so braun wie das Ufer selbst, an dem sie sich zum Wasserholen niederknieten, trugen es in tönernen Krügen fort, die sie mit aufrechter Grazie und rhythmischem Stolz, der einem Model auf dem Catwalk ebenbürtig ist, auf den Köpfen balancierten.

Das Schiff bahnte sich weiter seinen Weg durch die zögerliche Morgendämmerung und die träge Brühe des Ganges hinab. Es war eine Szenerie, die derart mit atmosphärischer Dramatik aufgeladen war, dass sie gut und gerne für die Special Effects eines Films über eine Flussreise ins subkontinentale Herz der Finsternis hätte dienen können.

Die «Mahsud» gehört zu einer ganzen Flotte flacher Raddampfer, die als «Rockets» bekannt sind und noch immer täglich die Wasserstraßen Bangladeschs zwischen der Hauptstadt Dhaka und Mongla, dem Tor zum Sunderbans Nationalpark, befahren.

Unsere Reise hatte am Abend zuvor bei Sonnenuntergang inmitten des ausufernden Chaos' von Sadarghat begonnen, wo sich der Hauptterminal des Personenverkehrs zu Wasser im Herzen von Alt-Dhaka am Fluss Buriganga befindet. Als die Dunkelheit hereingebrochen war, fragten wir, ob wir unter Deck in der Bordküche der Zubereitung des Abendessens beiwohnen könnten. In der Gluthitze der Kombüse, weit unten im Bauch des Schiffes, zeigten uns einige fröhliche Köche, wie man Shukto (ein gelbes Gemüsecurry), Fulkopi (Blumenkohl) mit Nüssen und Rosinen sowie ein famoses Dhal aus frischen grünen Erbsen zubereitet.

Kurz nach Tagesanbruch erreichten wir den Hafen von Barisal, der durch all die Männer, die riesige Eisblöcke zu den unzähligen Fischerbooten lieferten, schnell in einen emsigen Ort verwandelt wurde.

Den Rest des Tages navigierten wir durch das größte Flussdelta der Welt mit dieser Kulisse: riesige Reisfelder, so flach wie Pfannkuchen, dichter Urwald, Stelzendörfer, Fischernetze und -boote, zum Trocknen in Reihen aufgestellte handgedrehte Krüge, Vieh und Menschen. Immer und überall waren Menschen. Es gab keinen einzigen Moment ohne sie – und stets waren sie eifrig beschäftigt. Aber niemals zu beschäftigt, um nicht noch ein Lächeln für einen Fremden zu haben. In Mongla bestiegen wir dann ein kleineres Schiff und setzten die Segel in Richtung der Sunderbans.

Das Essen in Bangladesch

Das in England gängige Sprichwort: «Bangladeschis leben fürs Essen» bringt die dortige Einstellung zum Essen perfekt auf den Punkt. Und diese zeigt sich schon frühmorgens, wenn die frischest möglichen Zutaten eingekauft werden, und reicht bis zur ausgereiften Kunst des richtigen Würzens, die von Generation zu Generation weitergegeben wird.

Bei jeder Mahlzeit werden sämtliche Geschmacksnuancen ausgekostet, wobei es als «schweres Vergehen» betrachtet wird, alles gleichzeitig auf einen Teller zu häufen. Daher wird jedes Gericht als eigener Gang serviert und dabei auf eine klare Abfolge geachtet. Normalerweise eröffnet ein herb-süßes Shukto, das aus Bittermelonen zubereitet wird, die Prozedur, da ihm reinigende Eigenschaften nachgesagt werden. Ein Dhal aus halbierten oder ganzen Hülsenfrüchten folgt, dann eventuell ein einfaches Gemüse-Chaat, gefolgt von einem Mohnsamen-Posto. In Bangladesch liebt man zwar Fisch, ist aber auch Gemüse gegenüber sehr aufgeschlossen. Ein würziger, herber Frucht-Tuk wird zur Gaumenreinigung serviert, ehe das Hauptereignis der Mahlzeit folgt: Nachtisch. Süße, mit Kardamom verfeinerte Milchdesserts sind eine Spezialität, und es ist unvorstellbar, ein Essen ohne sie enden zu lassen – und sei es auch nur ein einfacher selbstgemachter und mit Karamell gesüßter Joghurt.

Die bengalische Fünffachwürze, auch Panch Puren genannt – eine Mixtur aus Kreuzkümmel, Fenchel-, Bockshornklee-, Senf- und schwarzen Zwiebelsamen (auch als Schwarzkümmel bekannt, wenngleich es kein Kümmel ist) –, vereint die unverwechselbare und für diese Region typische Würze, und gemahlene Senfkörner geben die passende Schärfe dazu. Die gemahlenen Gewürze werden oft mit etwas Wasser vermengt, ehe sie in heißem Öl angebraten werden. Senföl stellt dabei das beliebteste Bratöl dar, obwohl auch Ghee in den Rezepten seit der Zeit der Mogulen von Bangladesch seinen festen Platz hat. Zermahlene Kokosnuss, Mohn- und Sesamsamen, getrocknete Früchte und Nüsse werden zu cremigen und duftigen Currys vermischt, die zu Biryani (einem beliebten Reisgericht) gereicht werden. Sollte man in Eile sein, lässt sich auch jederzeit ein einfallsreiches Dhal genießen, welches mit knusprigem Luchi (angebratenes ungesäuertes Brot) und einem Knoblauch-Senf-Dip gegessen wird.

Eines ist in Bangladesch sicher – nichts wird weggeworfen, vielmehr hat man hier eine Kunst daraus gemacht, selbst aus Resten Rezepte zu kreieren, die sogar Gemüseschalen, -wurzeln und -stängel in ein unvergessliches Mahl verwandeln.

In der gnadenlosen Mittagshitze wurde das Essen auf Deck des Raddampfers serviert. Wir tranken einen kühlenden Borhani, ein Joghurt-getränk, mit Minze und beobachteten das Alltagsleben, das am Flussufer an uns vorüberzog.

Borhani mit frischer Minze

¼ TL grober schwarzer Pfeffer
½ TL Kreuzkümmel, gemahlen
500 ml Joghurt (mind. 3,5 % Fett)
eine gute Handvoll frischer
   Minze, dazu einige Blätter zum
   Garnieren

1 gehäufter TL brauner Zucker
1 Prise Salz
2 grüne Chilischoten, klein
   geschnitten, zudem etwas zum
   Garnieren

Rösten Sie zuerst den schwarzen Pfeffer mit dem Kümmel in einer kleinen Pfanne an. Zerkleinern Sie anschließend die gerösteten Gewürze mit den restlichen Zutaten sowie 250 ml kaltem Wasser in einem Mixer.

Richten Sie den Borhani zum Schluss mit einigen Blättern Minze und Chilischoten in hohen Gläsern an.

Auch wenn das Leben in Bangladesch, einem der ärmsten Länder der Welt, hart und entbehrungsreich ist, strahlt die Bevölkerung Stolz und Anmut aus wie diese Wächterin eines Schreins im Natore Rajbari.

Im sanften Licht der Abenddämmerung erschien die Szenerie um Sadarghat wie ein venezianisches Gemälde aus dem Mittelalter. Dutzende Gondeln beförderten zwischen mächtigen Schiffen, die mit allerlei Frachtgut beladen waren und deren Segel aussahen wie Flickenteppiche, Hunderte Passagiere in alle Richtungen.

Als die Lichter von Dhaka verblassten und sich Stille über dem Boot ausbreitete, neigten sich alle Männer an Bord in Richtung Mekka, um gemeinsam den Allmächtigen im Abendgebet zu preisen.

Hunderte riesige, ramponierte, marode aussehende rostige Schiffsrümpfe, die unter der Last der Menschen an Bord schwer in der schwülen Hitze schwankten, drängten sich bei Ebbe auf jedem Zentimeter Raum im Hafen. Unter all den heruntergekommenen Kähnen ragte die 1928 in den von Briten geleiteten Werften von Kalkutta erbaute «Mahsud» wie eine stolze Herrscherin aus einer anderen Zeit heraus.

Links: **Männer beim Abendgebet in Sadarghat**

Rechts: **Leben mit dem Fluss in den Sundarbans**

Der Einfluss der Mogulzeit auf die Küche Bangladeschs zeigt sich in diesem cremigen Blumenkohlgericht durch die Kombination mit gemahlenen Nüssen, Rosinen und Joghurt.

Mogul-Fulkopi

5 EL Kokosraspeln
3 EL Sesamsaat
3 EL Mandeln, gemahlen
1 gehäufter TL Senfmehl
4 EL Ghee oder wahlweise Butter
1 TL Kreuzkümmel, ganze Körner
½ TL Kurkuma
3 Lorbeerblätter
4 grüne Chilischoten, der Länge nach aufgeschnitten

1 großer Blumenkohl
eine Handvoll Golden Sultanas (Rosinen)
125 ml Naturjoghurt
1 TL Jagrezucker, wahlweise brauner Zucker oder Agavensirup
Korianderblätter, gehackt, zum Garnieren

Zerkleinern Sie die Kokosraspeln und den Sesam in einem Mörser. Alternativ kann auch eine Kaffeemühle verwendet werden. Vermengen Sie anschließend alles mit den gemahlenen Mandeln und dem Senfmehl. Rösten Sie dann die Mischung in einer kleinen Pfanne so lange, bis sie eine goldgelbe Farbe bekommt und sich die Aromen gut entfaltet haben.

Erhitzen Sie nun das Ghee bzw. die Butter in einem Topf und geben Sie den Kümmel, die Kurkuma, den Lorbeer sowie die Chilischoten dazu. Rühren Sie anschließend die Blumenkohlröschen sowie die Rosinen so unter, dass alles gut von den Gewürzen bedeckt ist. Sautieren Sie das Ganze so lange, bis der Blumenkohl anfängt, braun zu werden.

Geben Sie nun die geröstete Kokosmischung sowie 250 ml Wasser dazu und schmecken Sie mit Salz und Pfeffer ab. Lassen Sie alles bei geschlossenem Deckel so lange auf kleiner Flamme ziehen, bis das Wasser aufgesaugt und der Blumenkohl weich ist.

Rühren Sie zum Schluss den Joghurt sowie den zerkleinerten Jagrezucker unter und garen Sie alles so lange auf kleiner Flamme weiter, bis sich der Zucker aufgelöst hat. Garnieren Sie das Gericht mit gehacktem Koriander.

Die Sundarbans, das «wässrige» UNESCO-Weltnaturerbe, ist unter anderem als Heimat von einigen hundert bengalischen Tigern bekannt. Zudem sind sie ein wichtiges Ökosystem aus Mangrovensümpfen mit einer reichen Biodiversität und großen Populationen von Hirschen, Krokodilen, Delfinen, Bindenwaranen, Seeadlern, Goliathreihern und Eisvögeln. All diese Tiere haben wir gesehen – nur keine Tiger natürlich. Diese bekommt man nur sehr selten zu Gesicht – es sei denn, man ist Honigsammler und endet dabei manchmal unglücklicherweise als ihr Mittagessen.

Wir gelangten schließlich ins offene Meer, wo wir zur Feier des Tages in der Bucht von Bengalen, in der sich Haie nur so tummeln, vorsichtig und ausgelassen zugleich schwimmen gingen.

Wohl nicht zuletzt aufgrund der Tiger, Haie, Schlangen und Sümpfe gibt es in den Sundarbans noch kein Touristenresort. Als wir Bangladesch vor 25 Jahren zum ersten Mal besuchten, nutzte «Biman», die nationale Airline des Landes, den Slogan: «Kommen Sie nach Bangladesch, bevor es die Touristen tun.» Der Slogan wird noch immer benutzt und wird es wohl auch die nächsten 25 Jahre werden.

Neblige Morgendämmerung über dem Ganges in den Sundarbans

Dieses Shaak mit grünen Bohnen lässt sich sehr schnell und einfach zubereiten und kann sowohl heiß als auch kalt genossen werden. Es ist ein perfektes Picknickgericht im Sommer, wenn alle Gärten und Märkte vor Bohnen nur so überquellen. Reichen Sie Reis und ein Senf-Kasundi (siehe S. 19) dazu.

«Curry in a hurry» bengalischer Art

450 g grüne Bohnen, geputzt und
   in Streifen geschnitten
4 EL Senf- oder wahlweise
   Sonnenblumenöl
½ TL Senfkörner
¼ TL Asafoetida (auch Asant
   genannt)
½ TL Kreuzkümmel, ganze Körner
1 mittelgroße Tomate, in Würfel
   geschnitten

Für die Gewürzpaste
1 TL Chilipulver
1 TL Kreuzkümmel, gemahlen
1 TL Koriander, gemahlen
½ TL Kurkuma
¼ TL Garam Masala (indische
   Gewürzmischung)
½ TL Zucker
1 TL Salz

Bereiten Sie zuerst die Gewürzpaste zu: Verrühren Sie dafür sämtliche Gewürze mit etwas Wasser zu einer Paste.

Blanchieren Sie die Bohnen in kochendem Wasser. Gießen Sie anschließend das Kochwasser ab und schrecken Sie die Bohnen kurz mit kaltem Wasser ab. Erhitzen Sie nun das Öl in einem großen Topf und geben Sie die Senfkörner, die Asafoetida sowie den Kümmel hinein. Sobald diese «poppen», geben Sie die Gewürzpaste dazu und rühren das Ganze gut durch.

Fügen Sie nun die blanchierten Bohnen dazu und kochen Sie alles bei geringer Hitze für ca. 5 Minuten.

Geben Sie abschließend noch die Tomatenwürfel dazu und kochen Sie das Ganze für weitere 5 Minuten.

Dhal aus grünen Erbsen

3 TL Koriander, gemahlen
1 ½ TL Kurkuma
1 ½ TL Kreuzkümmel, gemahlen
1 TL schwarzer Pfeffer, gemahlen
1 knapper TL Chilipulver

3 EL Ghee oder wahlweise Butter
700 g tiefgefrorene grüne Erbsen
4 Lorbeerblätter
180 ml Vollmilch

Rühren Sie zunächst aus Koriander, Kurkuma, Kümmel, Pfeffer sowie Chili unter Zugabe von etwas Wasser eine Paste an.

Schmelzen Sie dann das Ghee in einem Topf und geben Sie die Gewürzpaste dazu. Sautieren Sie das Ganze für einige Minuten.

Rühren Sie nun die Erbsen unter. Sobald diese gut mit der Gewürzpaste vermengt sind, fügen Sie 120 ml Wasser sowie die Lorbeerblätter hinzu. Decken Sie den Topf ab und lassen Sie das Ganze so lange auf kleiner Flamme ziehen, bis die Erbsen schön weich sind und das Wasser reduziert ist.

Entnehmen Sie die Lorbeerblätter und zerdrücken Sie anschließend die Erbsen gut mit einem Kartoffelstampfer. Zum Schluss noch die Milch unterrühren und mit Salz und Pfeffer abschmecken. Den Dhal erneut für einige Minuten auf kleiner Flamme ziehen lassen, dann mit Paratha oder Reis sowie einem Tuk aus grüner Mango servieren (siehe Seite 20).

Ohne ein Dhal ist in Bangladesch keine Mahlzeit vollständig. Ein Dhal aus frischen Erbsen, das uns mit heißem Paratha – einem öligen Brot – gereicht wurde, war ein ganz und gar ungewöhnlicher Frühstücksschmaus.

Auf dem Buriganga in Dhaka – der Fluss ist Handels- und Transportweg

Die Menschen in Bangladesch haben ein schier unersättliches Verlangen nach Senf. Dieser Dip aus Senf und grüner Mango steht dort mit einer mindestens so hohen Wahrscheinlichkeit auf einem Tisch wie bei uns Salz und Pfeffer.

Ein Kasundi ist auch hervorragend als Marinade für einen Paneer, einen recht bröckeligen Frischkäse, geeignet. Vermischen Sie es einfach mit etwas Öl und bestreichen damit den Käse. Braten Sie dann das Ganze in einer Pfanne oder auf einer Grillplatte goldgelb an.

Senf-Kasundi

2 Knoblauchzehen, klein geschnitten

1 kleine grüne Mango, geschält und in kleine Stücke geschnitten

1 ½ TL Senf- oder wahlweise Sonnenblumenöl

1 EL schwarze Senfkörner

1 EL gelbe Senfkörner

4 kleine grüne Chilischoten, klein geschnitten

1 TL Jagrezucker, wahlweise brauner Zucker oder Agavensirup

Salz nach Geschmack

Braten Sie zunächst den Knoblauch im Senföl goldbraun an.

Zermahlen Sie anschließend alle Senfkörner zu einem Pulver.

Fügen Sie alles zusammen und zerkleinern Sie schließlich alle Zutaten in einem Mixer.

Kasundi lässt sich hervorragend in einem Einmachglas im Kühlschrank aufbewahren.

Tuk aus grüner Mango

1 ½ TL Senf- oder wahlweise
   Sonnenblumenöl
1 knapper TL Panch Puren
½ TL Kurkuma
½ TL Chilipulver

2 kleine oder wahlweise eine große
   grüne Mango mit Schale, in
   dünne Scheiben geschnitten
1 ½ TL Jagrezucker, wahlweise
   brauner Zucker oder
   Agavensirup

Erhitzen Sie zunächst das Öl in einem kleinen Topf und geben Sie dann das Panch Puren dazu. Sobald die Gewürze «poppen», rühren Sie die Kurkuma sowie das Chilipulver ein.

Geben sie nun die Mangostücke sowie 125 ml Wasser, den Jagrezucker und eine Prise Salz dazu. Decken Sie den Topf ab und lassen Sie das Ganze so lange auf kleiner Flamme ziehen, bis die Mango zwar weich ist, aber noch nicht ganz auseinanderfällt. Außerdem sollte noch etwas Restflüssigkeit im Topf sein.

Ein Tuk wird als «Gaumenputzer» zum Ende eines Mahls serviert, um dadurch den maximalen Genuss des nun folgenden süßen Milchdesserts sicherzustellen. Es handelt sich dabei um eine Art einfaches Chutney, das wir oft als Beilage zu Currys und Chaats servieren. Das Panch Puren (das schon zuvor beschriebene «Fünfergewürz») kann man im Asia-Laden kaufen oder selbst herstellen: Nehmen Sie dazu einfach zu gleichen Teilen Kreuzkümmel-, Fenchel-, Bockshornklee-, Senfsamen und Schwarzkümmel und vermischen Sie alles gut.

Unsere Reise in die Sundarbans begann zufälligerweise am ersten Tag des Fastenmonats Ramadan, den fromme Muslime alljährlich begehen. Die Besatzung an Bord fragte uns, ob wir uns ihnen anschließen und somit am Tag lediglich ein Frühstück um 5 Uhr morgens vor Sonnenaufgang sowie ein Abendessen nach Sonnenuntergang nehmen wollten. Die Alternative war, dass wir, wann immer wir es wünschten, für uns in der Privatsphäre unserer Kabine speisen könnten. Wir entschieden uns dafür, uns ihrem Fasten anzuschließen. Und so traf man sich voller Aufregung und Vorfreude jeden Abend zu einem Mahl, bei dem der Tisch übervoll mit Essen war und alle darauf warteten, dass der Kapitän den Moment des Fastenbrechens deklarierte. Da wir alle seit einem sehr frühen Frühstück nichts gegessen hatten, waren wir sehr hungrig und aßen mit noch mehr Begeisterung. Dieses wahrhafte Genießen eines gemeinsamen guten Mahls war eine großartige Erfahrung. Da der Schiffskoch sich durchaus darüber im Klaren war, wie sehr seine Gerichte gewürdigt werden, zog er beim Kochen alle Register seines Könnens und zauberte fabelhafte Mahlzeiten wie beispielsweise ein Posto aus Lauch und Saubohnen mit Kasundi (pikanter Dip aus Senf und grüner Mango) zu heißen Papadams (dünnes Fladenbrot aus Linsen- oder Kichererbsenmehl). Dazu gab es Borhanis, maurisch anmutende Drinks aus verfeinertem Joghurt mit frischer Minze.

Links: **Als «Taxis» füllen farbenfrohe Rikschas die übervollen Straßen von Dhaka**

Rechts: **Auch auf dem Buriganga herrscht in Dhaka emsiger Verkehr**

Posto aus Lauch und dicken Bohnen

6 EL weiße Mohnkörner

4 EL Senf- oder Sonnenblumenöl

½ TL Nigella (Schwarzkümmel)

½ TL Chilipulver

½ TL Kurkuma

2 mittelgroße festkochende
  Kartoffeln, geschält und in
  Würfel geschnitten

4 Stangen Lauch, der Länge nach
  aufgeschnitten, gewaschen und
  klein geschnitten

110 g Saubohnen

4 kleine grüne Chilischoten, der
  Länge nach aufgeschnitten

Vermengen Sie den Mohn mit etwas Wasser zu einer Paste.

Geben Sie nun den Schwarzkümmel mit dem Chilipulver und der Kurkuma in einen Topf mit heißem Öl. Sobald die Kümmelsamen «poppen», geben Sie zuerst die Kartoffeln dazu und braten diese goldgelb an, dann folgt der Lauch. Sautieren Sie das Ganze so lange, bis der Lauch beginnt, seine Festigkeit und Form zu verlieren.

Rühren Sie nun die Bohnen, die grünen Chilischoten sowie die vorbereitete Mohnpaste unter. Geben Sie zum Schluss noch 350 ml Wasser dazu und schmecken Sie mit Salz und Pfeffer ab. Lassen Sie das Ganze so lange auf kleiner Flamme ziehen, bis sich das Wasser reduziert hat und die Kartoffeln weich sind.

Ein junger Händler am Ufer des Padma

Nigella ist auch als echter Schwarzkümmel oder Kalonji bekannt.

Eine Soße aus gemahlenen weißen Mohnsamen, welche durch etwas Nigella-Samen geschickt gewürzt werden, kann zu beinahe jeder Art Gemüse gereicht werden. Der Koch auf unserem Schiff verband Lauch mit Saubohnen und Kartoffelwürfeln. Wenn die Saison für Saubohnen vorüber ist, ersetzen wir diese ohne Probleme durch Bohnen aus der Tiefkühltruhe, die es das ganze Jahr über gibt.

Payesh (Milchreis): Man köchelt Reis mit Milch, Kardamon, Jagrezucker (meist Palmzucker) und Nüssen, um daraus ein cremiges Dessert zu kreieren, das traditionellerweise an Festtagen aufgetischt wird. Payesh kann sowohl kalt als auch heiß direkt aus dem Topf serviert werden. Rosenwasser ist dazu eine hervorragende Ergänzung.

In bengalischen Häusern wird jeden Tag Naturjoghurt gegessen. Man gibt etwas Joghurt für den Tag zu gekochter Milch und lässt diese dann an einem warmen Ort über Nacht stehen. Am nächsten Morgen hat sich die Milch wie von Zauberhand in Joghurt verwandelt.

Wir genießen es, zu Hause selbst Joghurt zuzubereiten. Es geht ja so einfach. Stellen Sie nur sicher, dass der Joghurt, den Sie verwenden, «lebende Joghurtkulturen» enthält, also nicht ultrahocherhitzt wurde. Einige Joghurtarten eignen sich als Ausgangsmaterial besser als andere. Sollten Sie also mit Ihrem ersten Versuch unzufrieden sein, versuchen Sie es beim nächsten Mal mit einer anderen Marke.

Cremiger Payesh

1 l Vollmilch
60 g Basmatireis
3 Lorbeerblätter
1 knapper TL Kardamom, gemahlen
eine Handvoll Golden Sultanas
   (Rosinen)

Jagrezucker, brauner Zucker oder
   Agavensirup, nach Geschmack
je eine Handvoll Mandelflocken
   und Pistazienhälften, zuzüglich
   einiger zum Garnieren
1 ½ TL Rosenwasser (optional)

Kochen Sie die Milch in einem Topf bis kurz vor dem Siedepunkt auf. Geben Sie anschließend den Reis sowie die Lorbeerblätter dazu und lassen Sie alles unter regelmäßigem Rühren auf kleiner Flamme so lange ziehen, bis der Reis weich ist, sich die Milch um die Hälfe reduziert und die Masse eine cremige Textur bekommen hat.

Entfernen Sie nun die Lorbeerblätter und rühren Sie den Kardamom und die Rosinen unter. Schmecken Sie mit etwas Jagrezucker ab und lassen Sie den Milchreis nochmals für einige Minuten auf kleiner Flamme ziehen. Geben Sie zum Schluss die Mandeln und Pistazien (und wenn Sie mögen etwas Rosenwasser) dazu und garnieren Sie mit den restlichen Nüssen. Servieren Sie den Payesh wahlweise heiß oder kalt.

Selbstgemachter Joghurt

1 Liter Bio-Vollmilch
5 EL Naturjoghurt

Kochen Sie zunächst die Milch in einem Topf auf. Nehmen Sie dann den Topf vom Herd und lassen Sie das Ganze so lange abkühlen, bis die Milch handwarm ist (kühl genug, dass Sie mit dem Finger in die Milch tauchen können, aber noch warm genug für die kommende Fermentation).

Heben Sie nun den Joghurt unter und decken Sie das Ganze mit einem Tuch ab. Stellen Sie alles über Nacht an einen warmen Ort. Und voilà – am nächsten Morgen sollten Sie Joghurt haben! Füllen Sie diesen zum Schluss in ein verschließbares Gefäß und bewahren Sie ihn bis zum Gebrauch im Kühlschrank auf.

Ein Shukto ist ein Gericht, das als reinigend und wohltuend angesehen wird und mit dem ein Mittagessen beginnt. Es wird aus Kerala (Bitter-melonen) zubereitet und ist nicht jedermanns Sache. Um den bitteren Geschmack noch zu betonen, werden Zucker und Milch dazugegeben. Ersetzen Sie, wenn Sie mögen, die Bittermelone durch Zucchini oder einen Speisekürbis – oder Sie genießen doch den ungewohnten Geschmack und die Gelegenheit, ein recht ungewöhnliches Gemüse zu verarbeiten.

Im Uhrzeigersinn von links oben:

Typisches kleines Boot in Rajshahi

Ein Mädchen mit klassischem Wasserkrug in einem Dorf

Eine kleine Atempause in der Hitze des Tages am Flussufer

Eine Frau beim Wasserholen in den Sundarbans

Shukto aus den Sundarbans

4 EL Senf- oder wahlweise Sonnenblumenöl

2 kleine Bittermelonen, wahlweise Zucchini, in Würfel geschnitten

2 mittelgroße festkochende Kartoffeln, geschält und in Würfel geschnitten

1 kleine Süßkartoffel mit weißem Fruchtfleisch, geschält und in Würfel geschnitten

3 Baby-Auberginen, in Würfel geschnitten

2 mittelgroße Kochbananen, wahlweise grüne Bananen, geschält und in Würfel geschnitten

eine gute Handvoll frischer Spinat, klein geschnitten

1 TL Korianderpulver

1 TL Senfpulver

2 TL Ingwerpulver

2 EL Milch

1 gehäufter TL Jagrezucker, wahlweise brauner Zucker oder Agavensirup

1 EL Ghee, wahlweise Butter

1 gehäufter TL Panch Puren (siehe Seite 12 und 20)

Koriander, gehackt, zum Garnieren

Erhitzen Sie das Öl in einem Topf und geben Sie dann das gesamte vorbereitete Gemüse mit Ausnahme des Spinats dazu. Sautieren Sie alles so lange, bis das Gemüse beginnt, weich zu werden.

Vermischen Sie den gemahlenen Koriander, das Senf- sowie das Ingwerpulver mit etwas Wasser zu einer Paste und rühren Sie diese in das Gemüse. Geben Sie nun 500 ml Wasser dazu und lassen Sie anschließend alles bei geschlossenem Deckel auf kleiner Flamme so lange ziehen, bis sich das Wasser reduziert hat und das Gemüse weich gekocht ist.

Rühren Sie nun den Spinat, die Milch sowie den Jagrezucker unter und schmecken Sie mit Salz und Pfeffer ab. Lassen Sie alles nochmals für ein paar Minuten auf kleiner Flamme so lange ziehen, bis der Spinat richtig weich ist.

Um das Gemüse zu veredeln, schmelzen Sie das Ghee in einer kleinen Pfanne und geben dann das Panch Puren dazu. Sobald die Gewürze «poppen», nehmen Sie die Pfanne vom Herd und geben die vorbereitete Würzpaste über das Shukto (Vorsicht: Es kann spritzen!).

Richten Sie zum Schluss das Gericht mit dem klein geschnittenen Koriander an und servieren Sie Reis dazu.

BHUTAN

Kurze Spaziergänge im letzten Königreich des Himalaja

Seite 26 – 27:
Buddhistische Gebets-fahnen tragen die Gedan-ken durch die Luft ins Tal

Unten: **Blick ins Paro-Tal mit der oberhalb gelegenen Burg, dem Paro Dzong**

Ein stundenlanger Ritt durch einen bezaubernden Wald aus Blaukiefern und Wildblumen endete an einem einsamen Teehaus nahe eines Bergklosters. Während wir unsere Pferde an einen Pfosten zwischen hunderte vielfarbige buddhistische Gebetsfahnen banden, die im Wind flatterten, eröffnete uns unser Führer, Tensing, dass der folgende Pfad zu steil für die Pferde sei und wir daher zu Fuß weiter müssten. Er empfahl uns zur Stärkung vor dem finalen Anstieg eine Tasse Tee sowie einen Snack aus Buchweizenkugeln, die mit Walnüssen, braunem Senf (Sareptasenf) und Pilzen gefüllt waren und in Chilisoße getunkt wurden. Von der Terrasse des Teeladens aus konnten wir über das gesamte Tal bis zu unserem Ziel, dem auch «Tigernestkloster» genannten Taktshang Goemba, schauen. Das Kloster thront spektakulär hoch über dem Parotal an einer steilen Bergwand. Das Reisen durch das abgeschiedene Königreich Bhutan im Himalaja fühlte sich manchmal an, als würde man ein mythisches Bey-yuls, eines der verbotenen Täler der tibetischen Legende, betreten, in denen das Leben von Streit und Zwietracht befreit ist, wie es James Hilton in seinem Romanklassiker «Lost Horizon», «Der verlorene Horizont», beschrieb.

Der Aufstieg zum «Tigernest» bildete den Höhepunkt unseres Besuchs. Eine Karawane an Mulis schleppte all unsere Vorräte – und die Träger verwandelten sich in Köche und sammelten unterwegs wilde Pilze und Kräuter für unser Abendessen. Der unvergessliche Sonnenaufgang, bei dem sich die Sonne über Täler voll flauschiger Wolken wie aus einem weißen Amphitheater über die Gipfel erhob, entschädigte uns für eine sehr kalte Nacht, die wir bei Neuschnee im Zelt verbracht hatten.

Noch immer ist Gehen die beliebteste Art der Fortbewegung in Bhutan. Ein Netz aus ausgetretenen Pfaden, die durch Wälder, an mit Klöstern gesäumten Berghängen entlang sowie durch Täler mit traditionellen Bauernhöfen zwischen Spargel- und Maisfeldern hindurchführen, verbindet Dörfer und Städte. Einmal trafen wir bei einer Wanderung auf eine Gruppe junger Männer, die mit Pfeil und Bogen bepackt zu einem traditionellen Bogenschießwettbewerb in ein Nachbardorf marschierten.

Wir wurden in Dzongs, uralte befestigte Klosterburgen, eingeladen und durften zwischen singenden buddhistischen Mönchen in der großen Säulenhalle sitzen, die nur durch Butterlampen erleuchtet wurde.

Bhutan war lange Zeit ein sehr abgeschiedenes Land, in dem sich die alte buddhistische Kultur bewahrte, da es vom Rest der Welt durch den schneebedeckten Himalaja, den subtropischen Urwald sowie eine bewusste Isolationspolitik abgeschnitten war. Daraus resultiert eine wahrhaft einzigartige und vorwiegend vegetarische Küche.

Das Essen in Bhutan

Ein Fünftel aller Pflanzenarten weltweit wächst in Bhutan, denn die hervorragenden klimatischen Bedingungen reichen vom milden, subtropischen Klima der Gebirgsausläufer bis zum alpinen Klima in den Hochgebirgslagen. Frisch gepflückte wilde Kräuter, Kirschen, Pilze, Farne, Brennnesseln, Taro (eine krautige, immergrüne Pflanze aus der Familie der Aronstabgewächse) sowie Orchideen und Honig spielen in der Küche Bhutans eine wichtige Rolle. Dazu kommen saisonal angebaute Feldfrüchte wie Spargel, Walnuss, Apfel, Pak Choi (mit Chinakohl verwandt), Sareptasenf und Brokkoli. Damit die Bevölkerung die schneereichen Wintermonate überleben kann, werden die wertvollen Ernteerzeugnisse getrocknet und haltbar gemacht.

Yakmilch liefert wichtige Proteine und ihr hoher Fettgehalt enthält die Kalorien, welche die Menschen Bhutans als «Treibstoff» für ihre langen Wanderungen zu Fuß und gegen die winterliche Kälte benötigen. Aus der Milch wird Butter und Käse hergestellt – wichtige Bestandteile vieler regionaler Gerichte. Die Käsesorten reichen von einer mit weichem frischen Ricotta vergleichbaren Version, über reifen Hartkäse, der an Cheddar erinnert, bis zu einer Art Fetakäse, der auch in Salzlake eingelegt wird. Yakbutter kann, ist das Einmachgefäß erst einmal verschlossen, bis zu einem Jahr aufbewahrt werden. Aus ihr wird, mit heißem Tee und Zucker vermengt, der beliebte Buttertee nach tibetischer Art zubereitet.

Zu behaupten, dass man in Bhutan Chili lieben würde, wäre eine glatte Untertreibung. Riesengroße, scharfe Chilischoten schmücken die Dächer und Fenster und trocknen in der Sonne. Chili wird als normales Gemüse, nicht als Würze verwendet, wie beispielsweise im Nationalgericht Ema Datshi (in Käse gekochte Chilischoten), das alle Lieblingszutaten in sich vereint – gibt man noch Pilze dazu, hat man die gesamte «heilige Dreifaltigkeit» beisammen. 475 unterschiedliche Pilzarten wachsen in Bhutan, und es gibt sogar ein «nationales Zuchtprogramm».

Die Rezepte sind alle recht einfach zuzubereiten. Die Faustregel lautet: Zwiebeln, Butter, Wasser und Chilischoten auf kleiner Flamme köcheln. Auch tibetische Gerichte wie Momo (eine Art Knödel), Gerstensuppe oder süßer Reis sind sehr verbreitet.

In den hochgelegenen Gebieten, in denen der unverwechselbare kleinkörnige rote Reis nicht wächst, ist Buchweizen das Grundnahrungsmittel, aus dem Pfannkuchen, Nudeln und Knödel zubereitet werden.

In winzigen einladenden Bars, die meist gut gefüllt mit Karten- oder Carromspielern sind, bekommt man Snacks sowie einheimisches Bier, Whisky und fermentierten Reiswein.

Allein schon die Anreise nach Bhutan ist ein Abenteuer. Unser Flugzeug musste sich erst seinen Weg durch die Monsunwolken über der bengalischen Küste erkämpfen, ehe sich das funkelnde schneebedeckte Panorama der Himalaja-Gipfel vor uns enthüllte und wir den Landeanflug auf den winzigen Flughafen von Paro wagen konnten, der zwischen steil ansteigenden Terrassen voll üppig grünem Acker- und Weideland und bewaldeten Berghängen eingezwängt ist. Der Pilot musste die Maschine für unseren Weg durch die tiefen nebligen Täler in außergewöhnliche Schräglagen bringen; wir mussten derart knapp und nur eine Flügellänge von den Menschen entfernt fliegen, dass wir ihnen quasi beim Zähneputzen in der morgendlichen Sonne zusehen konnten.

Das «Tigernest», das Kloster Taktshang Goemba

In den subtropischen Tälern Bhutans wächst wilder Spargel, neuerdings wird er im Parotal auch kommerziell angebaut. Unsere Zeit in diesem Land öffnete definitiv unsere Augen für neue Varianten in der Spargelzubereitung. So wird er auf typisch bhutanische Art zubereitet: Er wird in Wasser mit Zwiebeln, geschmolzener Butter sowie Chili gekocht und zum Schluss mit zerbröckeltem Käse abgerundet.

Bhutanischer Butterspargel mit Käse

4 flach gestrichene TL Butter, wahlweise Ghee

2 mittelgroße rote Zwiebeln, in sehr feine Würfel geschnitten

500 g grüner Spargel, geputzt

ca. 200 g Fetakäse, zerbröckelt

2 mittelgroße Chilischoten, klein geschnitten

Schmelzen Sie zunächst die Butter in einer großen Pfanne und geben Sie dann die Zwiebeln sowie den Spargel und 240 ml Wasser dazu. Das Ganze so lange auf kleiner Flamme ziehen lassen, bis der Spargel weich und das Wasser reduziert ist. Mit Salz und frisch gemahlenem schwarzem Pfeffer abschmecken.

Bestreuen Sie den Butterspargel zum Schluss mit dem Fetakäse und etwas Chili und servieren Sie alles sofort.

Dieses würzige Curry mit Butter und Knoblauch ist sehr einfach zu machen und kann mit vielen unterschiedlichen Gemüse-Kombinationen zubereitet werden. Unser Favorit war die Kombination aus Brokkoli und Seitan (auch «buddhistisches Fleisch» genannt), dicht gefolgt jedoch von der Variante mit Spinat und Austernpilzen. Variieren Sie einfach das nebenstehende Grundrezept um die Gemüse Ihrer Wahl.

Tshoem aus Brokkoli und Seitan

1 mittelgroße Zwiebel, geviertelt

4 Knoblauchzehen

ein 5 cm langes Stück Ingwer, geschält und klein geschnitten

3 scharfe Chilischoten (je nach Geschmack)

125 g ungesalzene Butter

500 g Brokkoliröschen

ca. 200 g Seitan (siehe «buddhistisches Fleisch» auf Seite 190), klein geschnitten

Zerkleinern Sie die Zwiebel, den Knoblauch, den Ingwer sowie die Chilischoten in einem Mixer.

Sautieren Sie anschließend die Zwiebelmixtur für einige Minuten in der zuvor geschmolzenen Butter.

Geben Sie dann den Brokkoli, den Seitan sowie 200 ml Wasser dazu. Mit Salz und Pfeffer abschmecken und das Ganze so lange auf kleiner Flamme ziehen lassen, bis der Brokkoli weich ist.

Irgendwie ist alles an Bhutan ungewöhnlich: Das Nationalgericht Ema Dates ist eine Kombination aus scharfen Chilischoten (die so selbstverständlich verwendet werden, als wären sie grüne Bohnen), Pilzen und Käse. Die Nationalblume ist der extrem seltene blaue Mohn. Die Menschen schmücken ihre Häuser als Hommage an Drukpa Künley, einen legendären buddhistischen Dichter und Philosophen, der eine etwas dubiose moralische Vorstellung auslebte und auch «heiliger Narr» genannt wird, mit grafischen Phallussymbolen aller Art, die Glück bringen sollen. Das Nationaltier ist der Takin, ein Pflanzenfresser mit dem Kopf einer Ziege und dem Körper eines Zwergbisons. Die Männer tragen Ghos, knielange Roben, welche mit einem Strickgürtel befestigt werden, die Frauen Kiras, lange Kleider, die um eine seidene Bluse gewickelt und mit sorgfältig ausgearbeiteten Silberhäkchen befestigt werden.

Diese klare Suppe ist eine Mixtur aus tibetischer und bhutanischer Kochkunst. Die klassische tibetische Suppe wird mit dem leicht zitronig schmeckenden Sauerampfer verfeinert, der in Bhutans üppiger Landschaft wächst.

Sollten Sie keinen Sauerampfer bekommen, können Sie auch frischen Blattspinat und etwas frisch gepressten Zitronensaft verwenden.

Überall in den Wäldern gedeihen Pilze – vom kostbaren Pfifferling bis zum Steinpilz. Das hier beschriebene Rezept verwendet einen Mix aus getrockneten und frischen Pilzen.

Junge Mönche vor einem Kloster in Punakha

Graupensuppe mit Pilzen und Sauerampfer

25 g getrocknete Steinpilze (wahlweise können Sie auch andere getrocknete Pilze Ihrer Wahl verwenden)

2 EL ungesalzene Butter

1 mittelgroße Zwiebel, in Würfel geschnitten

2 Stangen Lauch, klein geschnitten

1 Knoblauchzehe, fein gehackt

110 g Graupen (diese vorher eine halbe Stunde in kochendem Wasser ziehen lassen; dadurch beschleunigt sich der eigentliche Prozess der Zubereitung)

1,2 l Gemüsebrühe

350 g Champignons, in kleine Würfel geschnitten

eine gute Handvoll Sauerampfer, klein geschnitten (oder wahlweise frischer Blattspinat mit etwas Zitronensaft)

2 EL milde Sojasoße

Kochen Sie zunächst die getrockneten Pilze in Wasser so lange, bis sie weich werden, und seihen Sie sie dann ab. Fangen Sie hierbei aber die Flüssigkeit auf (und zwar auch noch den letzten Tropfen) und spülen Sie anschließend die Pilze einmal klar ab. Schneiden Sie sie anschließend klein.

Schmelzen Sie die Butter in einem Topf und geben Sie dann die Zwiebel, den Lauch sowie den Knoblauch dazu. Sautieren Sie alles so lange, bis das Gemüse weich ist.

Geben Sie nun die Graupen, die klein geschnittenen Pilze, das abgefangene Pilzwasser sowie die Gemüsebrühe dazu. Decken Sie den Topf ab und lassen Sie alles so lange auf kleiner Flamme ziehen, bis auch die Graupen weich sind.

Geben Sie nun die Champignonwürfel, den Sauerampfer sowie die Sojasoße dazu. Das Ganze nochmals für 5 Minuten ziehen lassen und schließlich mit Salz und frisch gemahlenem schwarzen Pfeffer abschmecken.

Buchweizenknödel mit Walnüssen, Sareptasenf und Pilzen

Ergibt ca. 24 Knödel

Für den Teig
150 g Weizenmehl
75 g Buchweizenmehl
1 gute Prise Salz

Für die Füllung
½ kleine Zwiebel, in Würfel
    geschnitten
1 Knoblauchzehe
ein 2 cm langes Stück Ingwer,
    geschält und klein geschnitten

1 scharfe Chilischote
eine gute Handvoll
    Sareptasenfblätter (auch brauner
    Senf genannt) oder wahlweise
    Rucola
50 g Walnüsse
2 EL Mohnsamen
½ TL Szechuan-Pfeffer, gemahlen
20 g Shiitakepilze, klein geschnitten
25 g Fetakäse
40 g ungesalzene Butter,
    geschmolzen

Bereiten Sie zunächst den Teig zu. Mischen Sie dafür das Weizen- mit dem Buchweizenmehl und dem Salz in einer Schale. Drücken Sie eine kleine Vertiefung in die Mitte und geben Sie 120 ml Wasser in diese. Das Ganze gut kneten, sodass ein schöner Teig entsteht. Verwahren Sie diesen in Frischhaltefolie gewickelt im Kühlschrank, während Sie die Füllung zubereiten.

Zerkleinern Sie für die Füllung alle Zutaten mit Ausnahme des Fetakäses und der Butter in einem Mixer. Rühren Sie anschließend den Fetakäse und die Butter ein und schmecken Sie mit Salz und Pfeffer ab.

Bestäuben Sie nun den Teig gut mit etwas Mehl und rollen Sie ihn so dünn wie möglich aus. Stechen Sie anschließend ca. 8 cm große Kreise aus. Geben Sie jeweils einen guten Teelöffel voll Füllung in die Mitte eines jeden Kreises. Befeuchten Sie die Teigränder mit etwas Wasser und falten Sie die Kreise einmal vorsichtig zusammen. Drücken Sie sie leicht an, dass sie gut verschließen.

Geben Sie nun die Knödel in kräftig kochendes Wasser. Sobald die Knödel fertig sind, werden sie an die Oberfläche steigen (nach ca. 7 Minuten). Reichen Sie zu den Knödeln ein Chili-Ezay (siehe Seite 40) als Dip dazu.

Nachdem unser Weg – zumindest gefühlt – etliche Stunden stetig bergauf geführt hatte, war der kleine Essensstand am Ende des Waldes, der Buchweizenknödel verkaufte, eine willkommene Aussicht. Wir tunkten die Knödel – welche mit Walnüssen, Sareptasenf, Pilzen sowie Käse gefüllt waren – in ein würzig-scharfes Chili-Ezay, ehe wir, gestärkt und satt, den letzten Abschnitt unseres Aufstiegs zum Kloster in Angriff nahmen.

Buchweizenpfannkuchen zum Frühstück, mit einheimischem Honig, Butter und Zitronensoße beträufelt, gaben uns die Kraft für all die Wandertouren, die am Tag vor uns lagen. Die Pfannkuchen werden auch gerne – unter Zugabe einer fein gewürfelten roten Zwiebel sowie etwas Chili in den Teig – als Beilage zu einem Curry gereicht.

Buchweizenpfannkuchen mit Buttermilch und Kümmel

Ergibt ca. 12 Pfannkuchen

250 ml Buttermilch (oder Joghurt)
150 g Buchweizenmehl
2 mittelgroße Eier, gequirlt
1 Prise Salz
Butter zum Braten
Kümmelkörner

Für die Soße
50 g ungesalzene Butter
Saft von 2 Zitronen
Honig nach Geschmack

Mischen Sie zuerst die Buttermilch mit der gleichen Menge Wasser und rühren Sie nach und nach zunächst das Buchweizenmehl, dann die Eier sowie eine gute Prise Salz unter. Lassen Sie nun den Teig für 15 Minuten ruhen.

Bereiten Sie in der Zwischenzeit die Soße zu. Dafür schmelzen Sie als Erstes die Butter, geben dann den Zitronensaft sowie den Honig dazu und lassen alles auf kleiner Flamme für ein paar Minuten ziehen. Zum Schluss füllen Sie die Soße in eine Kanne.

Schmelzen Sie nun für die Zubereitung der Pfannkuchen etwas Butter in einer Pfanne mit Antihaftbeschichtung. Geben Sie so viel Teig in die Pfanne, dass der Boden knapp bedeckt ist, und streuen Sie den Kümmel darüber. Wenden Sie den Pfannkuchen, sobald der Teig durch ist, und braten Sie die andere Seite an. Verarbeiten Sie auf diese Weise den gesamten Teig.

Träufeln Sie zum Schluss etwas Zitronen-Honigsoße über die Pfannkuchen.

Links: **Ein Mönch im Kloster Punakha Dzong**

Rechts: **Eine überdachte Holzbrücke über den Fluss in Paro**

Buchweizennudelpfanne mit Pak Choi und Lauch

250 g Buchweizennudeln (auch Udon genannt)

3 mittelgroße Eier

1 EL ungesalzene Butter, dazu etwas zum Anbraten

1 ½ EL Sesamöl

1 kleine Zwiebel, in feine Würfel geschnitten

3 Knoblauchzehen, fein gehackt

ein 3 cm langes Stück Ingwer, geschält und geraspelt

3 scharfe Chilischoten, klein geschnitten

2 Stangen Lauch, klein geschnitten

2 große Köpfe Pak Choi, klein geschnitten (wahlweise 225 g Grünkohl oder Spinat)

225 g frische Shiitakepilze, klein geschnitten

1 große reife Tomate, in Würfel geschnitten

2 EL Shaoxing-Wein, wahlweise trockener Sherry

125 ml Gemüsebrühe

1 EL milde Sojasoße

6 Frühlingszwiebeln, klein geschnitten

Zum Garnieren

eine Handvoll weißer Rettich, geraspelt

Koriander, gehackt

In höher gelegenen Gegenden Bhutans ersetzt der Buchweizen den roten Reis als Grundnahrungsmittel. Aus dem von Hand gemahlenem Buchweizenmehl werden dünne Nudeln gemacht, die den Soba-Nudeln ähneln, die oft als Beilage zu Gerichten aus dem Wok und Currys gereicht werden.

Wokgerichte werden gerne mit vor Ort hergestelltem Reiswein gewürzt. Ähnlich schmeckt der Shaoxing-Reiswein aus China, aber auch trockener Sherry ist eine geeignete Alternative.

Kochen Sie zunächst die Buchweizennudeln in Salzwasser. Gießen Sie dann das Kochwasser ab und stellen Sie die fertigen Nudeln zur Seite.

Bereiten Sie nun ein Omelett zu: Verquirlen Sie dafür zunächst die Eier mit etwas Salz und Pfeffer, dann braten Sie sie mit etwas geschmolzener Butter in einer heißen Pfanne aus. Das Omelett sollte auf beiden Seiten goldgelb sein. Schneiden Sie das fertige Omelett in Streifen.

Erhitzen Sie das Sesamöl mit der Butter in einem Wok. Sautieren Sie darin die Zwiebel, den Knoblauch, den Ingwer, den Chili sowie den Lauch so lange, bis alles weich ist. Geben Sie anschließend den klein geschnittenen Pak Choi, die Shiitakepilze, die Tomate, den Shaoxingwein, die Gemüsebrühe sowie die Sojasoße dazu. Das Ganze so lange auf kleiner Flamme ziehen lassen, bis der Pak Choi gar ist.

Rühren Sie nun die Buchweizennudeln sowie die Frühlingszwiebeln unter. Servieren Sie die Nudelpfanne mit den Omelettstreifen obenauf und garnieren Sie alles mit den Rettichraspeln und dem Koriander.

Ema Datshi

350 g große grüne Chilischoten

1 mittelgroße Zwiebel, in Würfel
geschnitten

4 Knoblauchzehen, fein gehackt

4 TL ungesalzene Butter

350 g Fetakäse

eine Handvoll Koriander, gehackt,
zum Garnieren

Halbieren Sie zunächst die Chilischoten und schaben Sie die Kernchen aus. Schneiden Sie nun jede Schote der Länge nach in 8 Streifen (sollten Sie zusätzlich auch Paprika verwenden, schneiden Sie diese in vergleichbar große Stücke).

Geben Sie die Chilischoten mit den Zwiebelwürfeln, dem Knoblauch, der Butter und 250 ml Wasser in eine Pfanne. (Jetzt wäre ein guter Zeitpunkt, sich die Hände zu waschen – so vermeiden Sie mögliche unangenehme Vorkommnisse wie beispielsweise höllisch brennende Augen!) Kochen Sie alles auf größerer Flamme so lange, bis der Chili weich ist, und schmecken Sie alles mit Salz und Pfeffer ab.

Reduzieren Sie nun die Hitze und bröckeln Sie den Fetakäse ein. Das Ganze sorgfältig so lange umrühren, bis der Käse geschmolzen ist. Achten Sie dabei aber darauf, dass der Käse nicht kocht. Richten Sie zum Schluss das Datshi mit etwas gehacktem Koriander an und reichen Sie etwas kurz gegartes grünes Gemüse sowie roten Reis dazu (als Alternative eignet sich auch brauner kurzkörniger Reis).

Chili-Ezay

Eine Handvoll getrockneter
Jalapeño-Chilischoten
(wahlweise mittelgroße
getrocknete scharfe rote
Chilischoten)

1 kleine rote Zwiebel, in Würfel
geschnitten

ein 3 cm langes Stück Ingwer,
geschält und klein geschnitten

1 EL Szechuan-Pfeffer, gemahlen

1 große reife Tomate, in Würfel
geschnitten

Salz nach Geschmack

Garen Sie zunächst die getrockneten Chilischoten in kochendem Wasser so lange, bis sie weich sind. Gießen Sie danach das Wasser ab. Zerkleinern Sie nun die Schoten mit den anderen Zutaten in einem Mixer zu einer dicklichen Salsa.

Nehmen Sie sich in Acht! Ema Datshi, Bhutans Nationalgericht, ist eine berauschende Mischung aus scharfem Chili und geschmolzenem Käse. Die Chilischoten werden dabei als Gemüse und nicht zum Würzen verwendet. Das Ganze ist ein einzigartiges Geschmackserlebnis – aber nichts für «schwach Besaitete».

Sollten Sie kein Chili-Liebhaber sein, gibt es dennoch Wege, dieses Rezept zu genießen: Traditionell werden scharfe, große grüne Chilischoten, die den Jalapeños ähneln, verwendet, Sie können stattdessen aber auch mildere Schoten (mit entfernten Kernchen) verwenden, oder die Schärfe dadurch verringern, dass Sie nur die Hälfte der Chilischoten verwenden und die andere durch Paprika ersetzen.

Im original Ema Datshi wird ein bröckeliger, salziger Käse aus Yakmilch verwendet. Fetakäse ist eine hervorragende Alternative dazu. Ein Ema Datshi ist recht reichhaltig, daher sind die Mengen nicht so groß.

Buddhistische Gebetsfahnen über dem Paro-Tal

Auch wenn Chili ohnehin schon fester Bestandteil jedes Gerichts scheint, servieren sie in Bhutan zusätzlich eine große Portion des feurigen Chili-Ezay zu jedem Essen. Sie können es zu allem genießen – vom Buchweizenknödel bis zu jeder Art Tshoem (siehe Seite 33). Und denken Sie immer daran, dass Sie das Ezay jederzeit an Ihr persönliches Geschmacksempfinden anpassen können. Aber natürlich gilt: «Manche mögen's heiß» – daher mag es sein, dass Sie sich für die scharfen Chilischoten entscheiden.

Die Menschen in Bhutan sind keine Freunde der Veränderung. Als in der Hauptstadt Thimpu an der einzigen wirklichen Straßenkreuzung die allererste Ampel des Landes installiert wurde, gab es öffentliche Demonstrationen dagegen, die dazu führten, dass die Ampel durch einen Polizisten mit weißen Handschuhen, der in einer Art Ballett den Verkehr regelt, ersetzt wurde.

Die derzeitige Königsdynastie begann 1907, als Ugyen Wangchuck von lokalen Stammesführern und hohen Lamas zum obersten vererbbaren Herrscher Bhutans gewählt wurde. Vier Wangchucks und hundert Jahre später beginnen die Dinge aber, sich zu verändern. 2005 verkündete Jigme Singye Wangchuck, der dafür berühmt ist, sich mehr um das Bruttonationalglück seiner Untertanen als für das Bruttosozialprodukt seines Königreichs zu kümmern, seine baldige Abdankung und die Einführung einer konstitutionellen Demokratie. Seitdem sitzt sein Sohn als konstitutioneller Monarch auf dem Thron, und es beschleunigt sich der Wandel des Landes, sichtbar zum Beispiel an der Einführung des Fernsehens, dem Bau von Straßen für die häufiger werdenden Autos sowie dem größer werdenden Kontakt zum Rest der Welt.

Datshi mit Pilzen und Kartoffeln

14.04.2020   Quarantäne

5 mittelgroße festkochende ~600g bu.hb.
  Kartoffeln, geschält, der Länge
  nach halbiert und dann in ½ cm
  dicke Scheiben geschnitten
1 mittelgroße rote Zwiebel, in
  Würfel geschnitten
1 EL ungesalzene Butter
1 ½ TL Chiliflocken (je nach
  Geschmack)

200 g Shiitake- oder Austernpilze,
  in große Stücke geschnitten
100 g reifer Cheddar-Käse,
  gerieben
25 g Parmesan, gerieben
4 Frühlingszwiebeln, klein
  geschnitten

Geben Sie die Kartoffeln mit den Zwiebeln, der Butter sowie 360 ml Wasser in einen Topf und lassen Sie das Ganze bei geschlossenem Deckel auf kleiner Flamme so lange ziehen, bis die Kartoffeln weich sind.

Rühren Sie nun die Chiliflocken sowie die Pilze ein und lassen Sie alles nochmals für ein paar Minuten ziehen.

Streuen Sie anschließend den geriebenen Cheddar sowie den Parmesan darüber und verrühren Sie alles sorgfältig, bis der Käse geschmolzen ist. Schmecken Sie zum guten Schluss mit Salz und Pfeffer ab und streuen Sie die Frühlingszwiebeln darüber.

In Bhutan hat man sich so ziemlich jede denkbare Kombination aus Käse und Chili ausgedacht – überraschenderweise schmecken aber alle unterschiedlich.

Das Pilz-Kartoffel-Datshi wird ursprünglich mit einem reifen Hartkäse aus Yakmilch zubereitet. Die beste Alternative, die wir für diesen gefunden haben, ist eine Mischung aus einem würzigen reifen Cheddar und Parmesan.

Sie können für dieses Gericht eigentlich jede Pilzart verwenden, doch die Variante mit Austern- oder Shiitakepilzen ist am authentischsten.

Quarantäne 16.04.2020
½ Rezept, etwas knapp, sehr lecker

Butterreis mit Äpfeln, Safran und Honig

Bei unserem nachmittäglichen Teestop bereitete unser Koch ein Gericht aus klein gewürfelten lokalen Äpfeln und Basmatireis in Butter mit Gewürzen und Honig gebraten zu – zum Trinken gab es Buttertee.

Links und rechts:
Punakha Dzong – die Klosteranlage von fern und nah

60 g ungesalzene Butter
1 Prise Salz
1 TL Kardamon, gemahlen
3 große Prisen Safran
2 rote Tafeläpfel, in Würfel geschnitten
60 g Golden Sultanas (Rosinen)

2 gute EL flüssiger Honig
725 ml Basmatireis (in einem Messbecher abgemessen, entspricht ca. 250 g ungekochtem Reis), gekocht
etwas Naturjoghurt, zum Anrichten

Schmelzen Sie zunächst die Butter in einem Topf und rühren Sie anschließend das Salz, den Kardamon sowie den Safran hinein.

Geben Sie dann die Apfelwürfel, die Rosinen sowie den Honig dazu. Das Ganze so lange auf kleiner Flamme ziehen lassen, bis die Apfelwürfel weich sind. Rühren Sie zum Schluss den vorgekochten Reis ein und lassen Sie alles kurz, aber kräftig, aufkochen.

Geben Sie beim Anrichten – der Butterreis sollte noch heiß sein – etwas Naturjoghurt obenauf.

BIRMA

Eine Flussreise auf dem Irrawaddy im Monsun

Seiten 44 – 45: **Sonnenaufgang über den unzähligen Pagoden von Bagan** | *Oben:* **Noch herrscht Stille bei Morgendämmerung auf dem Irrawaddy**

Auf unseren Reisetouren in den 1970er und 1980er Jahren hatte Birma seinen festen Platz, und wir betrachteten es als eines der aufregendsten, einzigartigsten und exotischsten Ziele der Welt. Trotz der lästigen Herausforderung, sich für ein Siebentagesvisum abhetzen zu müssen, wurden wir jedes Jahr wieder von den ausgedehnten, den dramatischen Landschaften von zeitloser Schönheit, den Tausenden atmosphärischen alten Ruinen, der lebendigen buddhistischen Kultur sowie der hervorragenden Kochkunst zurückgelockt. Was in uns aber den bleibendsten Eindruck hinterließ, war die Freundlichkeit und Großzügigkeit der Menschen in diesem Land.

Als wir nun nach mehr als 25 Jahren wieder dorthin zurückkehrten, erlebten wir eine freudige Überraschung: den unter den Birmanen greifbaren neuen Optimismus in eine bessere Zukunft. Ansonsten hatte sich wenig verändert: Noch immer war es ein einzigartiges Land, das fast vollständig vom Rest der Welt abgeschnitten war – ganz so, als ob es in einem Paralleluniversum existieren würde.

Visa werden nun großzügiger ausgestellt, sodass wir weit über den typischen Rundkurs Rangun – Mandalay – Bagan – Inle-See hinaus reisen konnten (obwohl wir auch diese Ziele erneut besuchten) und ins Oberland Birmas vordringen konnten. Dieses Mal hatten wir unseren Besuch so geplant, dass wir zum Monsun dort sein konnten, wenn der Irrawaddy in voller Flut steht und es möglich ist, mit dem Boot über Katha (wo George Orwell als kolonialer Polizist stationiert war) den ganzen Weg bis Bharmo nahe der chinesischen Grenze zu reisen. Je weiter wir den Fluss hinauf kamen, desto eindrücklicher wurde es. Jeder Morgen schenkte uns einen neuen spektakulären Sonnenaufgang, bei dem sich die Sonne ihren Weg durch aufwirbelnde Morgennebel über dem Fluss suchte, bis schließlich die Luft kristallklar war.

Das Reisen mit dem Schiff stellte sich als hervorragende Methode zum Sammeln von neuen Rezepten heraus, da wir so einen doppelten Vorteil hatten: Wir verbrachten zum einen reichlich Zeit mit den Köchen an Bord, zum anderen konnten wir an all den Orten, die wir auf unserer Reise ansteuerten, regionale Köstlichkeiten probieren.

Jeden Tag begannen wir mit dem traditionellen birmanischen Frühstück Mohinga (ausgesprochen Maun-hinga), einer aromatischen Nudelsuppe, die mit unterschiedlichsten Einlagen wie beispielsweise hart gekochten Eiern, Limetten, angebratenem Knoblauch, Frühlingszwiebeln, Kichererbsen, Chilischoten oder Mungbohnenpastetchen serviert werden. Als Imbiss gab es sehr heiße Erbsenkrapfen, die frisch aus den brodelnden Woks in den Dörfern entlang des Flusses verkauft wurden. Jeden Abend gingen wir in der Mitte des Flusses vor Anker, und während die untergehende Sonne die launischen Monsunwolken in Brand zu setzen schien, aßen wir herzhafte Suppen, betörende Salate und saftige Currys mit Sesamreis.

Das Essen in Birma

In Birma leben zahlreiche unterschiedliche ethnische Gruppen und Kulturen – die Shan, die Mon, die Chin, die Karen und die Birmanen. Jedes dieser Völker pflegt seinen eigenen kulinarischen Stil. Einige Gerichte aber haben es zu einer Art «Omnipräsenz» im ganzen Land gebracht. Die birmanische Küche ist zudem stark von den beiden größten Nachbarn, also Indien und China, beeinflusst.

Die fruchtbaren Böden und das gute Wasser des Landes sorgen dafür, dass auf den Märkten das ganze Jahr über ein üppiges Angebot herrscht. Grundnahrungsmittel und Bestandteil der meisten Gerichte ist Reis, der entweder schlicht dampfgegart, mit Gewürzen, Kokosnuss und Sesam gekocht oder zu Reisnudeln verarbeitet wird. Die meisten Suppen und Currys basieren auf Ingwer, Knoblauch und Zwiebeln, die mit Kurkuma und Chili zermahlen werden. Die Einflüsse aus Indien und China mischen sich mit einheimischen Produkten und Geschmäckern und bilden somit eine einzigartige birmanische Küche.

Ein typisches Mahl besteht aus Suppe, Salat, Curry und Gemüse sowie einem großen Spektrum an Garnierungen wie beispielsweise frittierten Zwiebel- oder Knoblauchchips. Alle einzelnen Gerichte werden gleichzeitig serviert und auf einem tiefen runden Tisch angerichtet, der gerade so groß ist, dass sich niemand zu sehr strecken muss. Redselig und ausgelassen trifft man sich mit Familie und Freunden, sitzt auf Matten und teilt das köstliche dargebotene Essen miteinander.

Eine Suppe ist unverzichtbar und wird in einer mittig auf dem Tisch positionierten Schüssel serviert, aus der sich alle während des gesamten Mahls bedienen. Aus frischen Früchten und rohem Gemüse werden durch Limetten und Chili pikante und erfrischende Salate. Die Currys sind tendenziell eher aromatisch, aber mild. Als Zeichen des Respekts wird den älteren Familienmitgliedern und Gästen zuerst serviert. Am Tisch wird nie ein Messer benutzt, und eine andere Grundregel ist, dass man immer dann, wenn man noch etwas Reis haben möchte, ein wenig in der eigenen Schüssel übrig lässt. Denn wenn die Schüssel leer ist, wird davon ausgegangen, dass man fertig gespeist hat.

Um für typisch birmanische Zutaten wie Balachaung, der mit getrockneten Shrimps zubereitet wird, eine vegetarische Variante zu kreieren, verwenden wir eine Kombination aus zermahlenen und gerösteten Erdnüssen, die wir leicht mit fein geschnittenen Zwiebeln, Knoblauch und Chili anbraten und mit etwas leichter Sojasoße, Limettensaft, Tamarinde und Honig abschmecken.

Die meisten gebratenen Gerichte, die man in Cafés und an Essensständen in den Straßen von Städten wie Rangun oder Mandalay erhält, werden unter ausgiebiger Verwendung von Erdnussöl zubereitet, das sich, einmal zum Kochen gebracht, von den anderen Zutaten absetzt und an der Oberfläche schwimmt. Dies sieht zwar etwas unappetitlich aus, die Idee des Ganzen jedoch ist, dass die Ölschicht an der Oberfläche das Essen

darunter, welches sich über Stunden in offenen und ungewärmten Töpfen befindet, vor der Verunreinigung durch Insekten oder Bakterien in der Luft schützt. Es wird von einem Kunden nicht erwartet, dass er das Öl isst, er erhält vielmehr löffelweise die Köstlichkeiten darunter. Sollte dies alles in Ihren Ohren eher unappetitlich klingen – keine Sorge: es gibt reichlich birmanische Gerichte, die auch für empfindliche Mägen verlockend sind.

Die Birmanen lieben Snacks, und so reiht sich in den Straßen und auf den Märkten ein Verkäufer mit lokalen Köstlichkeiten – von der allgegenwärtigen Frühstücksnudelsuppe Mohinga bis zum eingelegten Teeblattsalat – an den nächsten.

Eine Institution in Birma sind die Teestuben, die als Treffpunkte von Freunden, Familien und sogar Geschäftspartnern genutzt werden. Außer Tee wird hier auch eine Vielzahl an Snacks angeboten wie beispielsweise Hsi Htamin, gelber klebriger Reis, der mit Sesam und geraspelter Kokosnuss garniert wird, oder Sanwin Makin, ein weiterer süßlicher Snack aus klebrigem und mit reichlich Kurkuma gelb gefärbtem Reis, der mit Bananenstücken in gedünstete Bananenblätter gewickelt serviert wird und dessen Namen amüsanter- und trefflicherweise übersetzt «unvermeidbare Kurkuma» bedeutet.

Einige der Highlights der birmanischen Küche sind die frischen Salatgerichte, die als Thoks oder manchmal auch Lethoks bekannt sind. Diese sind leichte, pikante Salate aus rohem Gemüse oder Früchten, die mit Limettensaft, Zwiebeln, gerösteten Erdnüssen, Chili, Bohnensprossen, Kokosnuss und Zitronengras gemischt werden. Traditionellerweise wird ein birmanisches Mahl mit einem Gericht namens Lephet Thok beendet, wobei es sich, wie der Name vermuten lässt, um eine Art Salat handelt. In unserem Fall wird es mit angefeuchteten jungen Blättern grünen Tees zubereitet, die mit Sesam, angebratenen Erbsen und Bohnen, geröstetem Knoblauch, Erdnüssen, gerösteter Kokosnuss sowie Ingwer vermengt werden. Die leicht schleimige Konsistenz kann etwas abstoßend wirken – wer darüber allerdings hinwegsehen kann, entdeckt ein schmackhaftes Gericht. In den wohlhabenden Kreisen wird Lephet in verzierten Boxen gereicht, die innen für jede Zutat ein eigenes «Fach» haben. Einige sehr schöne «Präsentierteller» für Lephet, die ursprünglich nur für Adlige hergestellt wurden, kann man auf den zahlreichen Märkten kaufen. Die im normalen Volk weitaus verbreitetere Variante sind einfache Zinnteller. Lephet Thok wird für gewöhnlich mit einer Tasse Tee serviert. In Rangun entdeckten wir einen Laden, der «Do-it-yourself Lephet Thok-Kits» einschließlich aller Zutaten in verschlossenen Plastiktüten verkaufte.

Ein typischer Marktstand mit Knoblauch und Ingwer in Bharmo im Oberland Birmas

Birmanischer Dhouo

1 kleine Pampelmuse, wahlweise
   eine große Grapefruit
eine gute Handvoll Weißkohl, klein
   geschnitten
2 Karotten, in feine Streifen
   geschnitten
½ rote Paprika, klein geschnitten
eine Handvoll geschälte Erdnüsse

Für das Dressing

2 Schalotten, grob gehackt
1 Knoblauchzehe
2 rote Chilischoten, grob gehackt
1 EL süße Sojasoße
2 EL Limettensaft
1 TL Honig
1 EL Sonnenblumenöl
1 Stange Zitronengras, klein
   geschnitten
eine kleine Handvoll Koriander,
   gehackt

Schälen Sie die Pampelmuse und trennen Sie jedes Segment mit einem Messer heraus. Geben Sie anschließend die Segmente zusammen mit dem Kohl, den Karotten sowie der roten Paprika in eine Schüssel.

Bereiten Sie nun das Dressing zu. Zerkleinern Sie dafür die Schalotten mit dem Knoblauch und dem Chili in einem Mörser so lange, bis eine Paste entsteht. Mischen Sie diese anschließend mit den restlichen Zutaten und schmecken Sie das Ganze mit Salz und Pfeffer ab. Geben Sie das Dressing über den Salat und stellen Sie diesen für 10 Minuten im Kühlschrank kalt.

Zerkleinern Sie in der Zwischenzeit die Erdnüsse, um sie anschließend in einer kleinen heißen Pfanne so lange anzurösten, dass sie goldbraun werden. Streuen Sie die noch warmen Erdnüsse kurz vor dem Servieren über den Salat.

Dieser pikante und erfrischende Salat wird traditionellerweise mit Pampelmuse zubereitet. Sollten Sie in der glücklichen Lage sein, einen guten Asia- oder Gemüseladen in Ihrer Nähe zu haben, besorgen Sie sich am besten diese originale Zutat. Ansonsten stellt die einfache Grapefruit einen mehr als adäquaten Ersatz dar.

Links: **Eine Obstverkäuferin am Ufer des Irrawaddy**

Rechts: **Blick auf die Pagoden und ihr goldenes Zentrum in Bagan**

Eisgekühlte, nach Rosen duftende Kokosmilch mit klein geschnittenen Litschis erinnert eher an einen «Pudding im Glas». Verwenden Sie hierfür die qualitativ beste Kokosmilch, die Sie finden können (prüfen Sie das Label: Die einzigen Zutaten sollten Kokosnuss und Wasser sein!). Sollte es ein Problem darstellen, Palmzucker zu bekommen (oder wahlweise Jagrezucker, den süßen kristallisierten Saft der Dattelpalme), kann stattdessen auch brauner Zucker in etwas heißem Wasser oder Agavensirup aufgelöst werden.

Kokosmilch mit Litschis und Rosenwasser

1 EL Palmzucker oder wahlweise
   Jagrezucker
1 l Kokosmilch
etwas Rosenwasser nach
   Geschmack

12 möglichst frische Litschis,
   geschält, entsteint und geviertelt
Eiswürfel zum Anrichten

Schneiden Sie zuerst den Palmzucker klein und lösen Sie ihn anschließend vollständig in etwas kochendem Wasser auf.

Verquirlen Sie nun die Kokosmilch mit 250 ml Wasser und dem Palmzuckersirup und schmecken Sie das Ganze mit etwas Rosenwasser ab. – Servieren Sie das Getränk in mit den Litschis gefüllten hohen Gläsern auf Eis.

Es fällt schwer, die Politik dieses Teils der Erde zu ignorieren. Selbst der Name dieses Landes ist umstritten. Da es in diesem Buch aber um Essen und nicht um Politik geht, haben wir uns entschieden, Worte wie «Birma», «birmanisch», «Irrawaddy» und «Rangun» zu verwenden, da uns all die Menschen, die uns auf unseren Reisen und beim Essen in und durch das Land zu Freunden wurden, sagten, dass sie diese Begriffe gegenüber den von der Regierung benutzten Alternativen bevorzugen würden.

Katen Joshi (rote Linsensuppe) mit verschiedenen Einlagen

450 g rote Linsen, geschält
1 ¾ l Gemüsebrühe
1 mittelgroßer Bund Koriander,
   fein gehackt
½ TL grober schwarzer Pfeffer
Salz nach Geschmack
weißer Basmatireis, gekocht, zum
   Anrichten

Einlagen
6 grüne Chilischoten, sehr klein
   geschnitten und für mindestens
   eine halbe Stunde in 3 EL
   Weißweinessig eingelegt
3 mittelgroße rote Zwiebel, klein
   geschnitten und leicht in Öl
   angebraten und karamellisiert
1 mittelgroße Süßkartoffel,
   geschält, in Würfel geschnitten
   und in Öl knusprig und
   goldbraun gebraten
einige Scheiben Brot vom Vortag,
   in Würfel geschnitten und in Öl
   knusprig gebraten
Korianderblätter, gehackt
frische Limettensegmente

Waschen Sie zunächst die Linsen. Geben Sie diese dann mit der Brühe in einen Topf, sodass sie ganz bedeckt sind. Das Ganze aufkochen und anschließend so lange auf kleiner Flamme ziehen lassen, bis die Linsen auseinanderfallen und die Suppe eine breiartige Konsistenz bekommt. Sollte sich dabei an der Oberfläche etwas Schaum bilden, können Sie diesen einfach abschöpfen. Rühren Sie nun den Koriander, den Pfeffer sowie das Salz unter.

Geben Sie zum Anrichten eine Kugel Reis in die Mitte einer tiefen Schale und löffeln Sie die Suppe darüber. Wählen Sie nun noch die Suppeneinlagen Ihrer Wahl und träufeln Sie zum Schluss etwas Limettensaft über Ihre Katen Joshi.

Suppen sind in Birma sehr beliebt und werden zu jeder Mahlzeit gereicht – sogar zum Frühstück. Die Variationsmöglichkeiten sind schier endlos: einfache süße oder bittere Brühen, saure Tamarindensuppen oder sämige, sehr schmackhafte Suppen aus Hülsenfrüchten.

Nach dem Aufbruch am frühen Morgen stärkte uns einmal eine Linsensuppe, die über Reis gegossen und mit eingelegtem grünen Chili, goldbraunen Süßkartoffelwürfeln, knusprigen Brotcroutons sowie karamellisierten Zwiebeln garniert wurde, für die nächste Etappe unserer Reise.

Bereiten Sie die Einlagen zu, während die Suppe köchelt, und richten Sie sie in einzelnen Schüsseln in der Mitte des Tisches an.

Mohinga Frühstückssuppe

1 mittelgroße Zwiebel, grob
    gehackt
4 Knoblauchzehen
ein 5 cm langes Stück Ingwer,
    geschält und grob gehackt
4 EL Sonnenblumenöl
1 gestrichener TL Chilipulver
1 TL Kurkuma
1,5 l Gemüsebrühe
2 kleine Zwiebeln, geviertelt
3 Stangen Zitronengras, klein
    geschnitten
2 EL Reismehl, in einer kleinen
    Pfanne angeröstet und mit etwas
    kaltem Wasser zu einer dünnen
    cremigen Paste vermengt
2 EL milde Sojasoße
eine oder zwei Handvoll
    Spinatblätter, klein geschnitten
    (optional)

2 TL grober schwarzer Pfeffer
dünne Reisnudeln, gekocht
    (ungefähr 250 g; bereiten Sie sie
    nach der Packungsanleitung zu),
    zum Anrichten

Einlagen
Koriander, gehackt
Zitronensegmente, mindestens
    eines pro Person
hart gekochte Eier, geviertelt,
    normalerweise eines pro Person
Chiliflocken
5 Frühlingszwiebeln, klein
    geschnitten
100 g zarte grüne Bohnen, klein
    geschnitten
dünne Knoblauchscheiben (so viele
    oder auch so wenige, wie Sie
    mögen), in Sonnenblumenöl
    goldbraun angebraten

Mixen Sie zunächst die gehackte Zwiebel mit dem Knoblauch und dem Ingwer, bis eine Paste entsteht.

Sautieren Sie die Zwiebelpaste in einem Topf mit heißem Öl für ca. 10 Minuten. Rühren Sie anschließend die Kurkuma und das Chilipulver sowie die Gemüsebrühe ein.

Geben Sie die geviertelten Zwiebeln und das Zitronengras dazu. Das Ganze auf kleiner Flamme für 20 Minuten ziehen lassen.

Rühren Sie das Reismehl, die Sojasoße, den Spinat sowie etwas Pfeffer unter. Das Ganze für nochmals 10 Minuten auf kleiner Flamme ziehen lassen, dann mit Salz und Pfeffer abschmecken.

Geben Sie zum Anrichten eine Handvoll Reisnudeln in eine tiefe Schüssel und löffeln Sie dann die Suppe darüber. Wählen Sie zum guten Schluss die Suppeneinlagen Ihrer Wahl.

Das Nationalgericht Mohinga ist als Grundlage eines typischen Frühstücks definitiv das wichtigste Mahl des Tages. Es gibt davon viele verschiedene Rezepte und regionale Unterschiede, und jede Familie hat ihren eigenen favorisierten Mohinga-Straßenverkäufer. Ehe die Pflichten des Tages rufen, genießt die gesamte Familie diese allgegenwärtige Fisch-Nudelsuppe. Dank eines neuntägigen religiösen Festes, währenddessen es Glück verheißt, fleischlos zu leben, gibt es auch eine vegetarische Variante davon.

Löffeln Sie die Suppe zum Anrichten in Schüsseln und reichen Sie dazu, zentral auf dem Tisch platziert, all die wichtigen Einlagen, die Sie zubereiten können, während die Suppe vor sich hin kocht.

Mohinga sollte mit reichlich schwarzem Pfeffer zubereitet werden. Wir empfehlen, zu Beginn nur die Hälfte der Menge zu verwenden, um dann peu à peu mit etwas mehr abzuschmecken. Ein bis zwei Handvoll Spinatblätter sind eine hervorragende Ergänzung.

Ein Thouk ist im Wesentlichen ein Salat, der als Beilage zu jeder der zahlreichen köstlichen Suppen Birmas gereicht werden kann. Er wird aus rohem, gekochtem oder eingelegtem Gemüse zubereitet, das mit einem Dressing aus Tamarinde, Chili sowie zerstoßenen getrockneten Garnelen vermengt wird und mit Zwiebel- oder knusprigen Knoblauchscheiben garniert wird. Die zerstoßenen Garnelen geben dem Ganzen eine salzige Note, die wir für eine vegetarische Version durch eine milde Sojasoße ersetzen.

Thouk mit grünen Bohnen und neuen Kartoffeln

350 g kleine neue Kartoffeln, gekocht
200 g zarte grüne Bohnen, blanchiert
5 Schalotten, sehr klein geschnitten
eine Handvoll Minze, gehackt

Für das Dressing
2 EL Tamarindenwasser
2 EL milde Sojasoße
2 EL Sonnenblumenöl
1 TL flüssiger Honig
2 rote Chilischoten, fein gehackt

Geben Sie die warmen gekochten Kartoffeln sowie die blanchierten grünen Bohnen in eine Schüssel.

Verquirlen Sie nun die Zutaten für das Dressing miteinander und gießen Sie dieses anschließend über das Gemüse. Mischen Sie alles gut durch. Streuen Sie vor dem Servieren die Schalottenscheiben und die gehackte Minze über den Thoke.

Eingang zu einer der zahlreichen Pagoden von Bagan

Curry mit Auberginen, Kürbis und Shiitakepilzen

2 mittelgroße rote Zwiebeln, grob
  gehackt
4 Knoblauchzehen, geschält
ein 5 cm langes Stück Ingwer,
  geschält und grob gehackt
4 EL Sonnenblumenöl
½ TL Kurkuma
1 TL Cayennepfeffer
2 TL Kreuzkümmel, gemahlen
1 TL Korianderpulver
2 TL Garam Masala
1 Zimtstange
2 Lorbeerblätter
450 g Kürbis, in Würfel
  geschnitten
6 Baby-Auberginen, wahlweise eine
  mittelgroße Aubergine, in
  Würfel geschnitten

225 g Kichererbsen aus der Dose
10 Shiitakepilze, geviertelt
Gemüsebrühe (variierende Menge,
  siehe unten)
2 EL Kichererbsenmehl oder
  wahlweise Reismehl
300 ml Kokosmilch
1 EL milde Sojasoße
flache Reisnudeln zum Anrichten

Zum Garnieren
Zitronensegmente
Koriander, gehackt
Schalottenscheiben, klein
  geschnitten und knusprig sowie
  goldbraun angebraten
Chiliöl

Mixen Sie zunächst die Zwiebeln mit dem Knoblauch und dem Ingwer, sodass eine Paste entsteht.

Braten Sie anschließend im Wok die Zwiebelpaste in heißem Öl unter stetem Rühren für 5 Minuten an und rühren Sie dann die Gewürze ein.

Geben Sie nun den Kürbis und die Auberginen dazu. Bestreuen Sie das Ganze mit etwas Salz, um zu verhindern, dass die Auberginen das gesamte Öl aufsaugen, und verrühren Sie alles so, dass sich das Gemüse gut mit den Gewürzen verbindet.

Geben Sie nun die Kichererbsen, die Shiitakepilze sowie so viel Brühe dazu, dass das Gemüse fast vollständig bedeckt ist. Garen Sie das Ganze auf kleiner Flamme, bis das Gemüse allmählich weich wird.

Vermengen Sie zum Schluss das Kichererbsenmehl mit etwas Wasser (um eine cremige Masse zu erhalten) und rühren Sie diese Paste zusammen mit der Kokosmilch und der Sojasoße in das Curry. Alles nochmals 5 Minuten auf kleiner Flamme ziehen lassen.

Servieren Sie Reisnudeln dazu und garnieren Sie nach Ihrem Geschmack.

Sesamreis

1 l brauner oder weißer
Basmatireis (in einem
Messbecher abgemessen,
entspricht ca. 300 g
ungekochtem Reis), gekocht
3 EL Sonnenblumenöl
2 mittelgroße Zwiebeln, klein
geschnitten
2 Knoblauchzehen, gehackt
7 kleine Rettiche, in Würfel
geschnitten

2 Karotten, in feine Streifen
geschnitten
1 Landgurke, in Würfel geschnitten
1 EL Sesamsaat
1 EL Tahini oder wahlweise
Sesampaste
1 guter Schuss leichte Sojasoße
1 guter Schuss Zitronensaft
Koriander, gehackt, zum Garnieren

Erhitzen Sie zunächst das Öl in einem Wok. Geben Sie die Zwiebeln und den Knoblauch dazu und braten Sie diese unter stetem Rühren einige Minuten lang an. Fügen Sie anschließend das Gemüse dazu und garen Sie alles für einige Minuten.

Heben Sie nun den Sesam sowie den vorgekochten Reis unter und braten Sie alles unter Rühren so lange an, bis der Reis richtig heiß ist. Rühren Sie schließlich das Tahini, die Sojasoße sowie den Zitronensaft ein.

Träufeln Sie vor dem Servieren nochmals etwas Tahini über das Gericht und garnieren Sie es mit dem gehackten Koriander.

Servieren Sie dieses Gericht mit gedünstetem grünen Gemüse entweder als leichtes Mittagessen oder als Beilage zu einer anderen Mahlzeit.

Auch wenn es nicht komplett authentisch ist, so verwenden wir gerne braunen Reis, um eine etwas andere Konsistenz zu erhalten.

Auswahl und Fülle auf dem Markt in Bharmo

Dieses Wokgericht genossen wir zu Mittag nach einem gemütlichen Spaziergang am Morgen durch die buddhistischen Tempel von Bhamo. Bhamo liegt nahe der Grenze zu China und weist in seiner Küche einen stärkeren chinesischen Einfluss auf.

Die einzelnen Zutaten werden schnell nacheinander zugegeben, daher sollten Sie alles gut zur Hand und vorbereitet haben.

Tofu und Brunnenkresse aus dem Wok

1 gestrichener TL getrocknete Chiliflocken

1 EL Zitronensaft

1 EL milde Sojasoße

1 TL flüssiger Honig

3 EL Sonnenblumenöl

2 Knoblauchzehen, gehackt

400 g fester Tofu, in Würfel geschnitten

½ Kopf Chinakohl, in Streifen geschnitten

2 EL Sesamsaat

2 Bund Brunnenkresse, einschließlich der Stängel, gehackt

200 g Bohnensprossen

1 kleiner Bund Schnittlauch, in 4 cm lange Streifen geschnitten

Vermengen Sie zunächst die Chiliflocken mit dem Zitronensaft, der Sojasoße und dem Honig und lassen Sie das Ganze für 15 Minuten ziehen. Braten Sie dann im Wok den Knoblauch und den Tofu in heißem Öl goldbraun an.

Geben Sie den Chinakohl und den Sesam dazu und braten Sie alles unter stetem Rühren einige Minuten lang an. Rühren Sie nun die Zitronensaft-Soja-Mixtur dazu.

Geben Sie abschließend die Brunnenkresse, die Bohnensprossen sowie die Hälfte des Schnittlauchs dazu und garen Sie alles für einige weitere Minuten. Servieren Sie das Gericht sofort und heiß (bevor die Brunnenkresse beginnt, ihre Konsistenz und Form zu verlieren) mit dem restlichen Schnittlauch als Garnierung.

Ein häufiger Anblick voll Sanftmut – eine Straßenhändlerin in Katha

Gelbe Erbsenbratlinge

Ergibt ca. 24 Bratlinge

225 g gelbe Erbsen, über Nacht eingeweicht
2 mittelgroße Zwiebeln, sehr fein gehackt
2 rote Chilischoten, fein gehackt
½ TL Kurkuma
½ TL Paprikapulver
eine gute Handvoll Koriander, gehackt

½ TL schwarzer Pfeffer
Salz zum Abschmecken
Öl zum Braten

Zum Garnieren
Schalotten oder wahlweise rote Zwiebeln, klein geschnitten und mit etwas gehacktem Koriander und roter Chilischote vermischt
Zitronensegmente

Gießen Sie zuerst die über Nacht eingelegten gelben Erbsen ab und spülen Sie diese mit kaltem Wasser klar. Verquirlen Sie nun die eine Hälfte der Erbsen zu einer weichen Paste. Zerkleinern Sie anschließend die andere Hälfte grob, sodass diese Erbsen noch etwas Biss haben. Nun können die gesamten vorbereiteten Erbsen mit den restlichen Zutaten vermengt werden.

Bereiten Sie anschließend die Bratlinge zu. Nehmen Sie dafür einen Löffel Erbsenmasse und formen Sie mit Ihren Händen einen kleinen Ball daraus. Drücken Sie diesen etwas flach, sodass ein Bratling entsteht. Die Prozedur mit der restlichen Masse wiederholen.

Braten Sie jeweils fünf Bratlinge zusammen in einem Wok so aus, dass beide Seiten goldbraun sind.

Trocknen Sie die Bratlinge mit etwas Küchenpapier ab und verteilen Sie zum Servieren die Zwiebelmischung sowie einen guten Schuss Zitronensaft darüber.

Pikante Soße zum Dippen

2 Knoblauchzehen, gehackt
1 TL Ingwer, geraspelt
2 EL Tomatenmark

1 EL Honig
4 EL milde Sojasoße
½ TL Chiliflocken

Vermengen Sie den Knoblauch und den Ingwer mit dem Tomatenmark. Rühren Sie dann den Honig, die Sojasoße sowie die Chiliflocken ein.

CHILE

Trekking von der Atacama-Wüste bis in die Anden

Seiten 62 – 63: **Eine Reise in die Wildnis der hohen Anden** | *Oben:* **Schroffe Schönheit – das Valle de la Luna**

Unsere Lungen keuchten stetig mehr auf der Suche nach Sauerstoff in der dünnen Bergluft, und unsere Schädel fingen zu schmerzen an. In einer Höhe von fast 5000 Metern gab es jedoch einfach kaum mehr verfügbaren Sauerstoff. Etwas, was wir immer als vollkommen selbstverständlich erachtet hatten, war zum Wertvollsten überhaupt im Leben geworden: gute Luft zum Atmen. Chino, unser Führer, versicherte uns in seiner entspannten, zuversichtlichen Art, dass alles gut werden würde, wenn wir nur langsam machten und seinem «Take it easy!» folgten. Er hatte recht. Es dauerte zwar lang, sehr lang, doch schließlich erreichten wir den Gipfel des Passes und wurden mit einer spektakulären Panoramasicht auf das Salar de Talar belohnt, das riesige schneeweiße Becken eines Salzsees, das von den aschgrauen Gipfeln erloschener Vulkane umgeben ist. Die Erfahrung einer «travesia», also einer Überquerung der Anden zwischen Chile und Argentinien entlang der uralten, hoch gelegenen Handelswege der Inka, ist etwas, was wir niemals vergessen werden. Es war eine ausgedehnte Reise durch einige der unberührtesten und spektakulärsten Orte der Erde.

Unsere Reise begann im abgelegenen spanischen Kolonialstädtchen San Pedro, das um einen schönen Platz mit weiß verputzten Lehmhäusern errichtet wurde, die im Schatten mächtiger Bäume und einer pittoresken Kirche aus dem siebzehnten Jahrhundert stehen. Dieses Städtchen liegt in der Atacama-Wüste im Norden Chiles, einer einzigartigen Landschaft aus riesigen Vulkanen (von denen manche noch aktiv sind), präkolumbianischen Ruinen inmitten der Berge, heißen Tälern voller Papyrusstauden und verborgenen Quellen, Mondlandschaften mit Kratern aus vom Wind geschaffenen Felsformationen, riesigen, von Bergen eingerahmten Salzseen, in denen sich Flamingos versammeln, um in den Soleseen nach winzigen Krebsen zu fischen, sowie geothermischen Ansammlungen an brodelnden und zischenden Geysiren. Wir erkundeten das kulinarische Leben San Pedros auf der Suche nach Rezepten, die wir später auf unserer Reise würden nutzen können, da wir für uns selbst kochen würden. Wir hatten uns für eine kombinierte Fortbewegung aus Fahrzeug und Füßen entschieden und waren dadurch in der Lage, reichlich einheimische Zutaten zum Kochen sowie bereits vorbereitetes Essen für die Reise im Fahrzeug mitzunehmen.

Als wir den Aufstieg zum Salar de Talar machten, hatte der Wind die Luft auf -15 °C abgekühlt. Nachdem wir den Pass überquert hatten, suchten und entdeckten wir jedoch einen windgeschützten Ort, an dem die Sonne genug Kraft hatte, uns rasch wieder aufzuwärmen – genug, um uns einen Mittagsimbiss aus Sopaipilla-Sandwiches (typische Kürbisbrötchen), Quinoa-Salat und Pilz-Ceviche zu gönnen.

Von hier aus führte uns unsere Reise den gesamten langen Weg zum 4900 Meter hoch gelegenen Pass Abra de Acay, von welchem aus wir in das feuchte Klima der argentinischen Anden hinabstiegen. Ein Weg, der gesäumt war von riesigen Kakteen im wüstenleeren Tal und schneebedeckten Bergwipfeln in der Höhe.

Das Essen in Chile

Das Wandern in den Bergen durch die surreal anmutenden Lavalandschaften der Atacama-Wüste auf den Spuren des spanischen Konquistadors Diego de Almargo sowie die große Höhe verlangten nach herzhaften Eintöpfen und kohlenhydratreichen Snacks. Zum Glück ist die chilenische Küche mit ihren dicken Suppen, ihren Bohneneintöpfen und ihren Unmengen an Brot und Gebäck das ultimative «Essen für die Seele».

Einheimische Gemüsesorten wie beispielsweise Paprika, Tomate, Kartoffel, Chili, Mais, Avocado oder Kürbis werden mit spanischen Geschmacksnuancen gemischt: Piment, Oregano und Oliven, welche die Konquistadoren mitgebracht hatten. Und auch der chilenische Wein bringt eine besondere Note in die Rezepte und passt hervorragend zu den Mahlzeiten.

Das chilenische Essen neigt eigentlich nicht zu Schärfe, doch wird das Chili-Kräuter-Salsa-Pebre großzügig verwendet, um für die «richtige Würze» zu sorgen. Sobald man sich zum Essen niederlässt, wird einem sofort Brot und Pebre serviert. Reichlich davon aufs Brot gegeben, ist das die beste Art, den ersten Hunger zu bekämpfen, während man die Karte studiert.

Für die südamerikanische Spezialität Ceviche verwendet man frisch gepressten Limettensaft, um rohen Fisch und Gemüse zu marinieren. Im wahrsten Sinn des Wortes kocht der Zitrussaft den Fisch ohne Hitze. Chilenen lieben Kürbis. Er findet sogar seinen Weg in einfaches ungesäuertes Brot, das in den Straßen mit Pebre oder einem Schuss Zuckersirup verkauft wird.

Wir futterten uns genüsslich durch habhafte Salate, die aus den proteinreichen südamerikanischen Quinoasamen und cremigen Avocados zubereitet werden, durch siedend heiße Empanadas, ein Gebäck, das mit lokal hergestelltem fetaartigem Käse gefüllt wird, und durch süßlich-cremige Bananenmilch auf Eis.

Im Uhrzeigersinn von links oben: **Eine einsame Kapelle auf dem Pass Piedra del Molino; immer nur geradeaus auf der die Anden überquerenden Travesia; Kakteen überstehen alles, auch das Klima im Calchaquies-Tal; Abendlicht verzaubert den Nationalpark Los Flamingos**

Vegetarisches Charquican

450 g Kartoffeln, geschält und in
    Würfel geschnitten
450 g Kürbis, geschält, entkernt
    und in Würfel geschnitten
4 Karotten, in Würfel geschnitten
Butter, Olivenöl
Schwarzer Pfeffer

Für den Pino
4 EL Olivenöl
2 mittelgroße rote Zwiebeln, in
    Würfel geschnitten
2 Knoblauchzehen, gehackt
1 mittelgroße rote Paprika, in
    Würfel geschnitten
200 g zarte grüne Bohnen, in 1 cm
    große Stücke geschnitten

110 g tiefgefrorener Mais
1 gehäufter TL Kreuzkümmelpulver
1 TL Paprikapulver
½ TL Chiliflocken
1 gehäufter EL Oregano, gehackt
3 mittelgroße Tomaten, in Würfel
    geschnitten
eine Handvoll Koriander, gehackt

Zum Anrichten
eine Handvoll glatte Petersilie,
    gehackt
Spiegeleier
Frühlingszwiebeln, klein
    geschnitten

Kochen Sie zunächst die Kartoffeln mit dem Kürbis und den Karotten in Salzwasser weich. Gießen Sie das Wasser ab und zerstampfen Sie alles mit etwas Butter, einem Schuss Olivenöl sowie reichlich gemahlenem schwarzen Pfeffer zu einem groben Püree mit Stückchen.

Braten Sie die roten Zwiebeln, den Knoblauch sowie die rote Paprika in Olivenöl an, bis die Zwiebeln glasig sind und die Paprika weich ist. Geben Sie dann die Bohnenstücke sowie den Mais dazu und sautieren Sie das Ganze für einige Minuten.

Rühren Sie nun die Gewürze und den frischen Oregano ein. Mischen Sie alles gut durch. Geben Sie nun die Tomatenwürfel dazu und schmecken Sie mit Salz ab. Lassen Sie das Ganze auf kleiner Flamme so lange ziehen, bis die Tomaten weich und zerkocht sind.

Rühren Sie zum Schluss den Pino in das Kartoffel-Kürbis-Karotten-Püree ein und geben Sie noch den gehackten Koriander dazu. Bereiten Sie zum Servieren einzelne Portionen mit je einem Spiegelei obenauf zu und bestreuen Sie das Ei mit etwas Petersilie und Frühlingszwiebel.

Dieses Kartoffel-Kürbis-Püree, das mit einer pikanten Pino-Soße gemischt und mit einem Spiegelei obenauf angerichtet wird, ist ein typisches wärmendes chilenisches Winteressen. Ein Charquican wird traditionellerweise mit getrocknetem Lamafleisch zubereitet, doch die Köche auf unserer Trekkingtour lehrten uns freundlicherweise, wie man eine vegetarische Variante davon machen kann.

Bergwandern in großer Höhe im Poma-Tal auf der argentinischen Seite – ein anstrengendes Unterfangen

Empanadas – ein einziger Bissen dieser mit Fetakäse, Oliven, Rosinen und gehacktem Schnittlauch gefüllten Blätterteigtaschen genügt, um uns augenblicklich zurück in die surrealen Landschaften der Atacama zu befördern. Empanadas sind untrennbar mit Pebre (siehe Seite 73) verbunden, das mit Tomatenwürfeln gemischt wird. Die Teigtaschen können in Olivenöl gebraten oder im Ofen gebacken werden; wir bevorzugen die einfachere Möglichkeit des Backens, die zudem auch besser für die Taille ist.

Empanadas mit Käse, Oliven und Rosinen

Ergibt ca. 24 Empanadas

Für die Empanadas
300 g Weizenmehl
1 Eigelb (das Eiweiß steif schlagen)
110 g Butter, geschmolzen
180 ml Vollmilch
1 TL Salz

Für die Füllung
250 g Fetakäse, zerbröckelt
eine Handvoll grüne Oliven, klein geschnitten
eine kleine Handvoll Rosinen
Kreuzkümmel, gemahlen
Pfeffer
eine kleine Handvoll Schnittlauch, gehackt

Zum Anrichten
Pebre, mit in Würfel geschnittenen Flaschentomaten (siehe Seite 73)

Heizen Sie zunächst den Backofen auf 200 °C vor.

Verrühren Sie die Zutaten für die Empanadas in einer Schüssel. Lassen Sie den Teig für 10 Minuten ruhen.

Rollen Sie den Teig auf einer mit Mehl bestreuten Oberfläche aus und schneiden Sie 10 cm große Kreise aus.

Geben Sie in die Mitte jedes Kreises je etwas Fetakäse, einige Olivenstücke und einige Rosinen sowie je eine Prise gemahlenen Kreuzkümmel, schwarzen Pfeffer und gehackten Schnittlauch.

Bestreichen Sie nun die Ränder der Teigkreise mit etwas geschlagenem Eiweiß und falten Sie sie dann mittig zusammen. Pressen Sie dabei die Ränder mit einer Gabel gut aneinander und verschließen Sie so die Empanadas. Bepinseln Sie zum Schluss die Oberflächen mit etwas Eiweiß.

Backen Sie die Teigtaschen im vorgeheizten Ofen für ca. 15 Minuten goldbraun.

Servieren Sie die Empanadas heiß und reichen Sie die Pebre-Flaschentomaten-Salsa zum Dippen dazu.

Die Methode, mit Limettensaft zu «kochen», eignet sich insbesondere für Pilze. In unserem Camp servierte der Koch ein Pilz-Ceviche mit Avocado- und Tomatenstückchen sowie köstlichen Süßkartoffel-Chips als Beilage.

Wir verwenden hierfür eine Mischung aus Austernpilzen und braunen Champignons; sollten diese aber nicht nach Ihrem Geschmack sein, können Sie sie durch jede andere Pilzart ersetzen.

Pilz-Ceviche

Saft von 5 großen Limetten

2 EL Avocado- oder Olivenöl

2 scharfe rote Chilischoten, klein geschnitten

300 g Austernpilze, gehackt

½ kleine rote Zwiebel, klein geschnitten

½ mittelgroße grüne Paprika, klein geschnitten

eine Handvoll Koriander, gehackt

Zum Anrichten

2 kleine, reife Avocados, klein geschnitten

10 Kirschtomaten, klein geschnitten

(Die Avocados und die Tomaten mit einem guten Schuss Limettensaft vermengen und mit Salz und Pfeffer abschmecken.)

Süßkartoffelscheiben, in Olivenöl goldbraun frittiert (optional)

Verquirlen Sie den Limettensaft mit dem Avocadoöl sowie dem Chili und schmecken Sie das Ganze mit Salz und Pfeffer ab. Mischen Sie nun das entstandene Dressing behutsam mit den Pilzen, der roten Zwiebel, der Paprika sowie dem Koriander. Achten Sie dabei darauf, dass alles mit dem Dressing bedeckt ist. Mit Salz und Pfeffer abschmecken. Decken Sie anschließend das Ganze mit Frischhaltefolie ab und lassen Sie das Ceviche für 45 Minuten im Kühlschrank abkühlen.

Richten Sie Ihr Ceviche auf einem flachen Teller mit etwas Avocado-Kirschtomaten-Salsa obenauf an und reichen Sie, wenn Sie mögen, einige frittierte Süßkartoffelscheiben dazu.

Rechts: **Der atemberaubende Ausblick aus unserem Hotel in San Pedro**

Chilenisches Frühstück

Pro Person

2 Scheiben Toast, mit Butter bestrichen

1 große reife Avocado, in Scheiben geschnitten

2 Eier, in Olivenöl ausgebraten

eine kleine Handvoll Fetakäse, gebröckelte

Pebre (siehe Seite 73)

Geben Sie die Avocadoscheiben auf den mit Butter bestrichenen Toast, dann folgt eine Schicht aus Spiegelei und Fetakäse und etwas schwarzem Pfeffer.

Zum Schluss noch großzügig Pebre darüber löffeln.

Mit auch für die Arktis tauglichen Schlafsäcken, heißen Duschen sowie selbstzubereitetem Essen – die Zutaten hatten wir aus Chile mitgebracht – und reichlich gutem südamerikanischen Wein gelang es uns, sogar eine Nacht im Zelt am Ende der Welt bei Temperaturen unter Null zu einem Genuss werden zu lassen.

Auch wenn die Travesia bereits hinter uns lag, hatten wir noch eine lange Reise durch die argentinischen Anden nach Salta, einem charmanten Bergstädtchen, und schließlich weiter bis Buenos Aires vor uns. Zurück auf Meeresniveau, fühlte sich die Luft wie die reinste «Sauerstoff-Suppe» an.

In der frühmorgendlichen Kälte gönnten wir uns heißen Kaffee und betrachteten den Sonnenaufgang. Dann ertönte die Glocke und das Frühstück wurde serviert: Avocadoscheiben, Spiegeleier, Fetakäse und Pebre auf Toast – eine großartige Art, den Tag zu beginnen.

Im Valle de la Luna in der Atacama-Wüste – «Tal des Mondes» ist ein überaus passender Name für diese Gegend

Pebre ist vielseitig verwendbar: als Zugabe zu gegrillten Maiskolben, als Würze für Eintöpfe und Suppen oder einfach nur zu Empanadas mit Tomatenstückchen.

Mittelgroße rote Chilischoten haben viel Geschmack und den gewissen Kick. Sie können die Salsa aber auf Ihren persönlichen Bedarf an Schärfe hin auch anpassen.

Pebre (Kräuter-Chili-Salsa)

eine gute Handvoll Koriander
eine gute Handvoll glatte Petersilie
1 EL Oregano
5 Frühlingszwiebeln, klein geschnitten
2 Knoblauhzehen, grob gehackt

Chilischoten nach Geschmack, grob gehackt
3 EL Rotweinessig
2 EL Limettensaft
4 EL Olivenöl

Vermengen Sie alle Zutaten mit Ausnahme des Öls in einem Mixer, sodass alles gut zerkleinert ist. Mischen Sie die entstandene Paste mit dem Öl und schmecken Sie zum Schluss Ihr Pebre mit Salz und Pfeffer ab.

Leche con Plantano

1 große reife Banane
1 ½ TL Limettensaft
Honig nach Geschmack

250 ml Vollmilch
50 ml Schlagsahne
Eiswürfel, zum Anrichten

Zerkleinern Sie die Banane mit dem Limettensaft und etwas Honig in einem Mixer, sodass eine sämige Masse entsteht.

Geben Sie dann die Milch sowie die Sahne dazu und mixen Sie das Ganze nochmals gut durch.

Servieren Sie das Getränk auf Eis.

Dieses Rezept ergibt etwa 350 ml Bananenmilch, genug für zwei durstige Personen. Erhöhen oder verringern Sie einfach die angegebenen Mengen, um die von Ihnen erwünschte oder benötigte Menge zu erhalten.

Diese köstlich cremige Bananenmilch schenkte uns an einem Nachmittag die nötige Dosis Energie, als unsere Lebensgeister die Segel strichen.

Porontas Granados (chilenischer Bohneneintopf)

4 EL Olivenöl

1 mittelgroße Zwiebel, in Würfel geschnitten

1 rote Paprika, in Würfel geschnitten

2 Stangen Lauch, klein geschnitten

1 gehäufter TL Pimentón (geräuchertes Paprikapulver)

1 ½ TL getrockneter Oregano

½ TL schwarzer Pfeffer, gemahlen

1 ½ TL feinkörnige Polenta

450 g Kürbis, geschält, entkernt und in Würfel geschnitten

3 Maiskolben, in 2 cm große Stücke geschnitten

400 g Gartenbohnen aus der Dose, abgetropft und klar gespült

400 g Limabohnen (oder wahlweise weiße Bohnen) aus der Dose, abgetropft und klar gespült

750 ml Gemüsebrühe

eine Handvoll frisches Basilikum, gehackt

Salz nach Geschmack

Zum Garnieren

Koriander, gehackt

Chilenischer Salat (siehe Seite 75)

Erhitzen Sie zunächst das Öl in einem gusseisernen Topf und sautieren Sie darin anschließend die Zwiebel, die Paprika sowie den Lauch, bis alles weich ist.

Rühren Sie nun erst den Pimentón, den Oregano, den Pfeffer sowie die Polenta unter und geben Sie danach den Kürbis, den Mais, die Bohnen sowie die Gemüsebrühe dazu. Garen Sie das Ganze auf kleiner Flamme so lange, bis der Kürbis weich (aber noch nicht auseinandergefallen) ist und der Eintopf eine dicklich-herzhafte Konsistenz hat. Rühren Sie gelegentlich um, um ein Verkleben zu verhindern, und geben Sie, wenn notwendig, etwas Wasser dazu.

Geben Sie jetzt das Basilikum dazu und schmecken Sie mit Salz und Pfeffer ab.

Richten Sie zum Schluss den Eintopf in einer Schüssel an und garnieren Sie mit dem chilenischen Salat (siehe Seite 75) sowie etwas gehacktem Koriander.

Ein dicker, herzhafter Bohneneintopf, der durch Pimentón eine rauchige Note erhält, ist ein «Wohlfühlessen aus der Schüssel».

Pimentón (geräuchertes Paprikapulver) erhält man in süßen oder scharfen Varianten. In diesem Rezept wird scharfer Pimentón verwendet, Sie können aber auch die süße Variante verwenden, wenn Sie diese vorziehen.

Salzpfannen in den hohen Anden – ein grandioses Farbenspiel

Chilenischer Salat

5 reife Flaschentomaten, klein
   geschnitten
1 mittelgroße rote Zwiebel, klein
   geschnitten

4 EL Olivenöl
2 EL Limettensaft
eine Handvoll Koriander, gehackt

Arrangieren Sie die Tomaten- und Zwiebelscheiben auf einem großen Teller.

Verquirlen Sie das Olivenöl mit dem Limettensaft und schmecken Sie das Ganze mit Salz und Pfeffer ab. Gießen Sie zum Schluss das Dressing gleichmäßig über den Salat und garnieren Sie ihn mit dem gehackten Koriander.

Sopaipillas (Kürbisbrötchen)

Ergibt ca. 24 Brötchen

250 g Kürbis, geschält, entkernt
   und in Würfel geschnitten
6 EL Butter, geschmolzen
325 g Mehl

1 gehäufter TL Backpulver
Öl zum Ausbraten
reichlich Pebre (siehe Seite 73)
   sowie Honig oder wahlweise
   Ahornsirup zum Servieren

Kochen Sie die Kürbiswürfel in Salzwasser weich. Gießen Sie anschließend das Wasser durch einen Sieb in einen Topf ab und stellen Sie das aufgefangene Wasser zur Seite. Pürieren Sie den weichgekochten Kürbis mit etwas Butter.

Vermengen Sie das Mehl mit dem Backpulver und etwas Salz und rühren Sie dann das Kürbispüree sowie etwas Kürbiskochwasser ein. Kneten Sie das Ganze zu einem Teig und lassen Sie diesen 10 Minuten lang ruhen.

Rollen Sie den Teig auf einer mit Mehl bestreuten Oberfläche ca. 0,5 cm dick aus. Stechen Sie anschließend 8 cm große Kreise aus und verschließen Sie die Ränder mit einer Gabel, um zu verhindern, dass der Teig zu sehr aufgehen wird.

Braten Sie die Brötchen entweder zu je 4 Stück in Öl auf beiden Seiten goldbraun aus, oder backen Sie sie im vorgeheizten Ofen bei 200 °C für ungefähr 15 Minuten.

Servieren Sie die Brötchen warm und mit süßem oder pikantem Aufstrich Ihrer Wahl. Sie schmecken, leicht angeröstet, auch am nächsten Tag noch köstlich.

Dieser Salat wird in Chile beinahe wie ein Gewürz verwendet – und ist so einfach wie lecker. Wichtig ist, hierfür die absolut besten und reifsten Flaschentomaten zu verwenden.

In Chile sieht man überall Straßenhändler, die in Öl ausgebratene kleine Kürbisbrötchen feilbieten, die dick mit dem pikanten Kräuter-Chili-Salsa-Pebre oder mit süßem Zuckersirup bestrichen werden.

Zu Hause backen wir die Kürbisbrötchen lieber, als dass wir sie in Öl ausbraten, und ziehen dem Zuckersirup die etwas gesündere Variante Honig oder Ahornsirup vor. Außerdem können wir ja nicht mehr die Ausrede vorbringen, dass wir uns nach einer langen, kräftezehrenden Trekkingtour eine Belohnung verdient hätten!

Quinoa-Salat

350 g Quinoa
750 ml Gemüsebrühe
3 EL Olivenöl
1 mittelgroße rote Zwiebel, in
   Würfel geschnitten
1 mittelgroße Süßkartoffel,
   geschält und in Würfel
   geschnitten
1 rote Paprika, in Würfel
   geschnitten
1 gelbe Paprika, in Würfel
   geschnitten
2 Knoblauchzehen, gehackt
1 TL Kreuzkümmel, gemahlen
1 TL Paprikapulver

2 mittelgroße Avocados, in Würfel
   geschnitten
12 Kirschtomaten, in Würfel
   geschnitten
eine Handvoll Schnittlauch,
   gehackt

Für das Dressing
2 EL Olivenöl
1 EL Limettensaft
Salz und schwarzer Pfeffer nach
   Geschmack

Zum Garnieren
eine gute Handvoll Kürbiskerne,
   geröstet
eine Handvoll Koriander, gehackt

Kochen Sie zunächst die Quinoa zusammen mit der Gemüsebrühe auf, reduzieren Sie dann die Flamme und lassen Sie das Ganze bei geschlossenem Deckel rund 10 Minuten ziehen. Nehmen Sie den Topf von der Hitze und stellen Sie ihn für weitere 10 Minuten zur Seite. Den Deckel dabei geschlossen halten. Lockern Sie anschließend die gekochte Quinoa mit einer Gabel, um die einzelnen Körnchen voneinander zu trennen, und lassen Sie alles abkühlen.

Braten Sie in der Zwischenzeit die Zwiebel, die Süßkartoffel, die Paprikas sowie den Knoblauch in heißem Olivenöl weich. Rühren Sie nun die Gewürze unter und lassen Sie das Ganze etwas abkühlen, bevor Sie es mit der Quinoa, den Avocados, den Tomaten sowie dem gehackten Schnittlauch vermengen.

Verquirlen Sie noch die Zutaten für das Dressing und rühren Sie dieses vorsichtig in den Salat. Garnieren Sie das Gericht mit den gerösteten Kürbiskernen sowie etwas gehacktem Koriander.

Quinoa, der proteinreiche, getreideähnliche Samen der in Südamerika beheimateten Quechua-Pflanze, wird mit Gemüsebrühe geköchelt, um dann entweder heiß zu Eintöpfen serviert oder erkaltet zu habhaften Salaten weiterverarbeitet zu werden. Mit Avocado, Oliven, Paprika, Tomate sowie gerösteten Kürbiskernen gemischt, war dies als Proviant auf unseren Touren der perfekte Gaumenschmaus am Mittag.

HELSINKI & LAPPLAND

Von der Ostsee nach Lappland

Seiten 78 – 79: **Herbstlandschaft in Lappland** | *Oben:* Neugierige Rentiere scheuen auch eine Kamera nicht.

Die finnische Hauptstadt Helsinki gehört zu den Geheimtipps innerhalb Europas. Sie ist zugleich modern und geschichtsträchtig und vereint auf erfolgreiche Art urbane Eleganz mit natürlicher Schönheit. In dieser Stadt stehen perfekt erhaltene Jugendstilhäuser harmonisch Seit an Seit mit klassizistischen Gebäuden aus der russischen Zarenzeit und modernster zeitgenössischer Architektur. Finnland ist aber auch die Heimat der halbnomadischen indigenen Volksstämme der Samen, die als Rentierhirten teilweise noch immer in Zelten leben und sich selbst als «Bewohner Lapplands» bezeichnen. Wäre Lappland ein selbstständiger Staat, so würde er sich über die nördlichsten Regionen von Finnland, Schweden, Norwegen und Russland erstrecken.

Wir hatten unsere Lappland-Reise so geplant, dass wir zur Ruska-Saison dort sein konnten, wenn die Landschaft in der spektakulären Explosion der Herbstfarben beinahe zu brennen scheint. Es ist die Zeit der kristallklaren Seen, des herabfallenden bunten Laubs und der wilden Pilze, der Waldbeeren und der Rentier-Wanderungen. Dieses kleine Zeitfenster galt es zu nutzen – denn davor beherrschen die Moskitos den Sommer rund um die Seen, danach verschwindet die Sonne im eisigen Winter.

Auch wenn die meisten Samen heutzutage motorisierte Fahrzeuge verwenden und beinahe das ganze Jahr über in Häusern leben, so bedeutet die jährliche Rentier-Wanderung von den Weideflächen im Hochland hinab in die Winterquartiere im Tiefland noch immer, dass sie viele Nächte draußen in der Wildnis in ihren Koten, den an Tipis erinnernden Zelten, zubringen müssen. Diese Zeit des Jahres eignet sich am besten dafür, ein traditionelles samisches Camp zu besuchen und dort eine Mahlzeit zu genießen, die aus einem über offenem Feuer zubereiteten Eintopf aus wilden Pilzen besteht, die mit gebackenem Käse und spritzig-cremigen Moltebeeren abgerundet wird.

Auch wenn die Jahreszeiten in Helsinki nicht ganz so heftig ausfallen, so herrscht auch dort im langen Winter eine Art «Winterwunderland» aus funkelnd hellen Lichtern, zugefrorenen Seen und Neuschnee. Wenn um Mittsommer die Temperaturen steigen und die Sonne kaum noch untergeht, emigriert ein Großteil der Bewohner Helsinkis in ihre Mökkis, einfache Sommerhäuschen auf dem Land. Im August herrscht in der Stadt wieder emsiges Treiben auf den Musikfestivals und Straßenmärkten, auf denen sich die saisonalen Köstlichkeiten wie süße wilde Erdbeeren, pfeffrige Pfifferlinge und frische Kräuter stapeln. Über den Marktplatz am Hafen von Helsinki weht beständig der Klang von Ankunft und Abfahrt; es ist ein Ort, der von fröhlichen Menschen bevölkert wird, die Zeit mit Freunden in Cafés verbringen, mit Rädern durch die Parks fahren, Fähren zu den vielen nahegelegenen Inseln besteigen, ein Sonnenbad an den Stränden der Stadt nehmen oder sich um ihre kleinen Gärtchen kümmern. Helsinki ist eine Stadt, die viel Unbeschwertheit ausstrahlt und in der sich die Natur nahtlos mit dem modernen urbanen Leben mischt. Und es ist ein ungemein unkomplizierter Ort, der einen derart willkommen heißt, dass man sich mühelos schon nach wenigen Stunden fast wie ein Einheimischer fühlt.

Das Essen in Helsinki und Lappland

Das harte arktische Klima hat die Ernährungsweise der Finnen geprägt. In den dunklen schneereichen Monaten gibt es notwendigerweise eine gewisse Abhängigkeit von Wurzelgemüse, dunklem Roggenbrot und fermentierten Milchprodukten. Dann aber, einige wertvolle Monate lang, scheint die Sonne und verwandelt alles auf wunderliche Weise. In diesen langen sonnigen Tagen gedeihen arktische Beeren, Pilze, Spargel und Wildkräuter.

Die moderne finnische Küche ist eine wunderbare Mischung aus Tradition und zeitgenössischer Kochkunst. Sie vereint die einheimischen finnischen Erzeugnisse von höchster Qualität mit den Einflüssen aus aller Welt. Die Küche tendiert eher zur Einfachheit, wobei vor allem Wert auf frischest mögliche Zutaten und gesunde Vollwertkost gelegt wird.

Der Tag beginnt mit einem herzhaften Frühstück aus Müsli oder Haferbrei mit Beeren, Joghurt, saurem Roggenbrot, gekochtem Ei und Käse.

Wenn es im Sommer Beeren im Überfluss gibt, werden die gerne wild gesammelten Beeren – eine wertvolle Quelle an Nährstoffen – frei mit pikanten oder süßen Rezepten kombiniert. Außerdem werden sie für den Winter eingemacht, getrocknet, eingefroren oder zu Sirup, Marmeladen oder Säften verarbeitet.

Köstlichkeiten im Design Distrikt; einer der zahlreichen Beerenstände auf dem Marktplatz von Helsinki

82

Kochen im Lavvu-Tipi
der Samen in Lappland;
Moltebeeren – eines der
Wahrzeichen Lapplands

Bald nach Mittsommer erheben Pilze ihre kuppelförmigen Köpfchen – und nach der Beeren- beginnt die Pilzjagd. Pilze werden gerne einfach angebraten oder zu schmackhaften Suppen oder Soßen, Gebäck oder Füllung verarbeitet, und auch sie werden für den Winter getrocknet oder eingemacht. Aus Roggen-, Gersten- und Haferschrot entstehen kompakte Sauerteigbrote, knusprige Brötchen und Zerealien. Das traditionelle Roggenbrot wird mit einem Loch in der Mitte gebacken, um es an hölzernen Stangen über dem Ofen aufhängen zu können, wo es allmählich trocknet und schließlich für Monate gelagert werden kann.

Sehr gerne werden kalziumreiche Milchprodukte wie Joghurt, Sauerrahm, frischer weicher Quark und reifer Tilsiter gegessen. Der kompakte, gummiartige «Quietschkäse», eine Spezialität ähnlich dem zypriotischen Halloumi-Käse, wird über dem offenen Feuer gebacken und dann mit einem süßen Beerenkompott serviert. Cremige Gemüseaufläufe, Ofenpfannkuchen und Milchreis bieten in den dunklen Wintermonaten «kulinarische Highlights». Das Nationalgetränk ist Kaffee, der recht stark gebrüht und tagein-tagaus literweise getrunken wird. Da es in Finnland eine lange Backtradition gibt, kann man aus einer Fülle an köstlichen pikanten und süßen Gebäckvariationen auswählen, wenn man sich zu einer Tasse Kaffee in einem der vielen hübschen Cafés, die in Helsinki an jeder Ecke zu finden sind, niederlässt.

Überbackene Pilze mit Gerstenkruste

1 mittelgroße Zwiebel, klein
   geschnitten
3 EL Butter, dazu einige Flocken
   zum Bestreichen
500 g Steinpilze oder wahlweise
   große Champignons, klein
   geschnitten
1 EL Zitronensaft
2 EL Mehl

350 ml Sahne
2 große Eier, verquirlt
1 EL Thymian, gehackt
eine kräftige Prise Muskatnuss,
   gerieben
eine ordentliche Prise
   Gewürznelken, gemahlen
25 g Gerstenflocken oder
   wahlweise große Haferflocken

Heizen Sie zunächst den Ofen auf 200 °C vor.

Sautieren Sie die Zwiebel in der Butter, bis sie weich ist. Achten Sie dabei darauf, dass sie nicht braun wird. Geben Sie dann die Pilze und den Zitronensaft hinzu. Sautieren Sie das Ganze nochmals für einige Minuten, bis die Pilze anfangen, weich zu werden. Rühren Sie nun das Mehl unter. Geben Sie anschließend alles in eine mittelgroße Auflaufform und stellen Sie diese zur Seite.

Verquirlen Sie die Eier mit der Sahne. Geben Sie den Thymian, die Muskatnuss sowie die Nelken dazu und schmecken Sie alles mit Salz und etwas gemahlenem weißem Pfeffer ab.

Gießen Sie die Sahnemixtur über die Pilze und geben Sie anschließend das Ganze in den vorgeheizten Ofen. Sobald der Auflauf (nach ungefähr 5 Minuten) beginnt, fest zu werden, bestreuen Sie ihn vorsichtig mit den Gersten- und einigen Butterflocken. Backen Sie das Ganze für nochmals 20 Minuten. Dann sollte der Auflauf goldbraun und aufgegangen sein.

Im Herbst breitet sich in den Wäldern ein Teppich aus wilden Pilzen aus – Pfifferlinge, Steinpilze, weiße Champignons, Morcheln und hellrote Täublinge, um nur einige wenige zu nennen. Man hat errechnet, dass nur ungefähr ein Prozent der jährlich wachsenden Pilze tatsächlich gepflückt wird. Die Bewohner Lapplands sind begeisterte Pilzsammler, und ihre kulinarische Bedeutung wird in einem Festival, das eine Woche lang andauert, zelebriert. Frisch gesammelte Pilze werden in dem Rezept nebenan mit Sahne und Eiern zu einem Auflauf gebacken und mit knusprigen Gerstenflocken bestreut.

Für dieses Rezept eignen sich besonders Steinpilze, aber auch einfache große Champignons. Reichen Sie einen gemischten Blattsalat mit Kräutern oder gedünsteten, mit Butter bestrichenen Wirsing dazu.

Zum Frühstück machte unser Gastwirt einen einfachen Teig, den er zu flachen Kreisen formte und dann über dem offenen Feuer backte. Wir verschlangen die Fladen noch warm mit Butter, Käse und einer süßen und dennoch herben Beerenmarmelade.

Die Fladen können aus beinahe jedem Vollkornmehl zubereitet werden und werden manchmal mit Kartoffelpüree oder Haferflocken gemischt. In unserem Rezept wird Roggen- und Gerstenmehl mit Buttermilch kombiniert, das sorgt für den leicht säuerlichen Geschmack, der typisch für finnisches Brot ist. Sie können, wenn Sie mögen, die Fladen auch um weitere Zutaten ergänzen wie beispielsweise Rosinen, Sonnenblumen- oder Kümmelkerne. Bestreuen Sie sie am Ende noch mit Hafer-, Gerstenflocken oder Leinsamen.

Flache Roggen-Gerste-Fladen

Ergibt 4 Fladen

150 g Roggenmehl
175 g Gerstenmehl, wahlweise
 auch Dinkelmehl
1 ½ TL Backpulver
½ TL Salz

2 EL Butter oder Olivenöl
250 ml Buttermilch, wahlweise
 Joghurt oder Vollmilch

Zum Bestreuen
Hafer- oder Gerstenflocken,
 wahlweise Leinsamen

Heizen Sie den Ofen auf 200 °C vor.

Vermischen Sie die beiden Mehlsorten mit dem Backpulver und dem Salz. Geben Sie anschließend zunächst die Butter und dann die Buttermilch dazu und verrühren Sie alles zu einem festen Teig.

Teilen Sie den Teig in 4 gleich große Stücke. Bestäuben Sie diese mit etwas Mehl und formen Sie die Stücke anschließend zu kreisrunden Fladen (ungefähr 1 cm dick). Befeuchten Sie die Oberfläche der Fladen mit etwas Wasser. Bestreuen Sie sie dann mit den Flocken oder den Leinsamen, die Sie anschließend behutsam in den Teig eindrücken.

Backen Sie zum Schluss die Fladen auf einem eingefetteten Backblech für 15 Minuten im vorgeheizten Ofen.

Salat aus Roter Beete, Topinambur und Apfel mit Meerrettich-Sauerrahm-Dressing

5 mittelgroße Topinambur, geschält und in Würfel geschnitten

4 mittelgroße gekochte Rote Beete, in Würfel geschnitten

1 großer säuerlicher Apfel, in Würfel geschnitten

2 Karotten, in Streifen geschnitten

½ mittelgroße rote Zwiebel, klein geschnitten

Für das Dressing

2 EL Rote-Beete-Saft

Saft einer halben Zitrone

½ TL Honig oder wahlweise Agavensirup

200 ml Sauerrahm

1 gehäufter TL scharfer Meerrettich

eine kleine Handvoll Dill, gehackt

Zum Anrichten

verschiedene Blattsalate wie beispielsweise Sauerampfer, Rucola, Brunnenkresse, Endivie und Frisée

eine Handvoll Walnüsse, gehackt

Wurzeln und Knollen sind die Gemüse der schneereichen Monate. Aus Roter Beete kann man einen farbenfrohen Salat zaubern, vor allem, wenn man diesen mit einem rosafarbenen Sauerrahm-Dressing anmacht – ein echter Blickfang. Verwenden Sie für diesen Salat bereits eingelegte, gekochte Rote Beete (achten Sie aber darauf, dass dafür kein Essig verwendet wurde). Gießen Sie den Saft aber nicht weg – man kann ihn sehr gut fürs Dressing verwenden.

Links: **Dieser Salat ist schon wegen seiner Farben ein Blickfang!**

Kochen Sie zunächst den Topinambur in Salzwasser, bis er weich ist. Gießen Sie dann das Wasser ab und spülen Sie ihn mit kaltem Wasser klar. Mischen Sie den Topinambur anschließend mit den restlichen Zutaten.

Bereiten Sie nun das Dressing zu. Verquirlen Sie hierfür einfach die entsprechenden Zutaten und schmecken Sie mit Salz und etwas gemahlenem weißen Pfeffer ab.

Legen Sie nun einen Servierteller mit den Blattsalaten aus und geben Sie darauf eine Portion Topinambur-Rote Beete-Salat. Träufeln Sie direkt vor dem Servieren das Sauerrahmdressing darüber und garnieren Sie schließlich den Salat mit den klein gehackten Walnüssen.

Unten: **Ein Essensstand auf der Insel Suomenlinna in Helsinki. Viermal im Jahr findet in Helsinki übrigens der «Restaurant Day» statt, an dem jeder Zu Hause oder auf der Straße sein kleines Lokal eröffnen und Essen und Trinken für einen guten Zweck verkaufen kann**

Finnland ist ein Land mit viel Platz und einer sehr geringen Bevölkerungszahl. Eingekeilt zwischen Schweden und Russland, reicht es von der Ostsee bis fast zum Nordpolarmeer. Unsere Reise führte uns weit über den Polarkreis hinaus in den größten verbliebenen Urwald Europas, wo wir einige überraschend gute Rezepte entdeckten, in denen lokale Zutaten verwendet werden. Die anspruchsvollere und raffiniertere Café-Kultur von Helsinki bot uns köstliche Gerichte zum Essen, die von innovativen jungen Köchen zubereitet wurden, die sich ganz und gar dem Ziel verschrieben haben, traditionelle finnische Produkte mit den modernen Konzepten des gesunden Essens zu verbinden.

Cranberry-Orangen-Soße

350 g frische oder tiefgefrorene
   Cranberrys
Schale einer mittelgroßen
   unbehandelten Orange
60 ml Orangensaft
60 ml ungesüßter Heidelbeersaft,
   wahlweise auch dunkler
   Traubensaft

1 Vanilleschote, der Länge nach
   aufgeschnitten
½ Zimtstange
½ TL Ingwer, gemahlen
Honig oder wahlweise Agavensirup,
   nach Geschmack

Geben Sie alle Zutaten in einen Topf und kochen Sie alles auf kleiner Flamme so lange, bis die Cranberrys weich sind und aufbrechen. Sie erhalten eine sämige Soße mit Stückchen (die Zimtstange und die Vanilleschote können Sie natürlich wieder entfernen).

Cremige Erbsen-Senfsuppe

3 EL Butter
350 g grüne Erbsen, über Nacht
   eingeweicht, abgegossen, gespült
1 große Zwiebel, gewürfelt
1 l Gemüsebrühe
3 Lorbeerblätter

1 gehäufter EL Majoran, gehackt
1 gehäufter EL Thymian, gehackt
3 Karotten, in Würfel geschnitten
1 EL scharfer Senf
1 EL körniger Senf
½ Becher Sahne

Erhitzen Sie zunächst 2 EL Butter in einer Kasserolle und sautieren Sie darin die Zwiebel weich. Rühren Sie dann die Erbsen so unter.

Gießen Sie nun zuerst die Brühe dazu und rühren Sie dann den Lorbeer, den Majoran sowie den Thymian ein. Garen Sie das Ganze auf kleiner Flamme so lange, bis die Erbsen anfangen, weich zu werden. Geben Sie nun die Karottenwürfel dazu und köcheln Sie alles auf kleiner Flamme weich.

Nehmen Sie jetzt die Lorbeerblätter heraus und pürieren Sie anschließend die Suppe etwas mit einem Pürierstab. Die Erbsen sollen auseinanderfallen, aber noch immer etwas Biss haben. Rühren Sie nun die beiden Senfsorten, die Sahne sowie die restliche Butter unter. Schmecken Sie mit Salz und weißem Pfeffer ab. Alles erneut für einige Minuten auf kleiner Flamme ziehen lassen.

In den Sommermonaten türmen sich allerlei Beeren in den Markständen des Landes. Die Beeren werden unter anderem etwas gekocht, um sämige Fruchtsoßen, die hervorragend zu süßen oder pikanten Gerichten passen, herzustellen.

Die Cranberry-Orangen-Soße kann zum Beispiel zu herzhaft gefüllten Kohlrouladen und Rutmus (siehe Seite 91 und 93) gereicht, in Haferbrei oder Joghurt gerührt oder einfach auf Milchreis oder Pfannkuchen gegeben werden.

In Lappland wird der «Quietschkäse», ein fester gummiartiger Käse, der zu runden Fladen geformt ist, gebacken oder gegrillt und dann mit etwas Preiselbeer- oder Cranberry-Soße gegessen. Der beste Ersatz für diesen Käse, den wir finden konnten, ist Halloumi-Käse, den man vor allem auf Zypern genießt. Schneiden Sie den Käse zuerst in Scheiben, bestreichen Sie ihn anschließend mit etwas Öl und grillen oder braten Sie ihn dann so lange, bis er goldbraun ist. Geben Sie etwas von der hier beschriebenen Beeren-Soße darauf (wenn Sie Preiselbeeren bekommen können, ist das super, sonst schmeckt die Soße aber auch aus Cranberrys) und nutzen Sie einige der finnischen Fladenbrote, um den Saft aufzutunken.

Typische Kote der Samen

Glöggi

2 Zimtstangen

1 TL Kardamomsamen

1 gehäufter TL Gewürznelken

ein 5 cm langes Stück Ingwer,
   geschält und klein geschnitten

1 Flasche Rotwein

120 ml Wodka

1 große Orange

brauner Zucker oder Honig nach
   Geschmack

geschälte Mandeln und Rosinen
   zum Anrichten

Kochen Sie 120 ml Wasser zusammen mit den Gewürzen in einem kleinen abgedeckten Topf auf und lassen Sie das Ganze anschließend für 10 Minuten auf kleiner Flamme ziehen. Seihen Sie nun die Gewürzflüssigkeit durch ein Sieb in einen mittelgroßen Topf und gießen Sie dann den Wein und den Wodka dazu.

   Schneiden Sie eine geschälte Orange in dicke Stücke und geben Sie diese sowie die Schale in den Glöggi. Schmecken Sie noch mit etwas Zucker ab und lassen Sie alles erneut auf kleiner Flamme ziehen.

   Entnehmen Sie die Orangenschale und geben Sie vor dem Servieren jeweils einige geschälte Mandeln und Rosinen in jedes Glas und füllen Sie dann mit dem Glöggi auf.

Die Huskys von Lappland, die den ganzen Winter über rastlos arbeitend Schlitten ziehen, hatten ursprünglich den Rest des Jahres über kaum etwas zu tun, bis irgendwer auf die brillante Idee kam, Husky-Safaris zu veranstalten. Hierbei wird man von «seinem» Hund auf der Wanderung geführt. Der Husky folgt mit seiner Spürnase der Duftspur eines Pfades und führt einen dabei tief in den Wald hinein. Schon wenige Minuten nach Verlassen des Startpunkts hat man jeden Richtungs- und Orientierungssinn verloren und fühlt sich auf selige Art allein mit der Natur. Das Erlebnis, vollkommen von einem Tier abhängig zu sein, um den Weg zurück zu finden, war eine außergewöhnliche Erfahrung.

Die meisten Huskys verbringen ihr gesamtes Leben unter freiem Himmel, ganz gleich, wie weit unter 0 °C das Thermometer auch fallen mag. Einige wenige auserwählte Hunde aber werden mehr wie Haustiere behandelt und dürfen nachts auch in die Zelte, um sich direkt neben einem Samen zum Schlafen einzurollen. Da die Nacht, die wir in einer Kote verbrachten, eisig kalt war, waren wir froh, einige dieser «atmenden Wärmflaschen» ausgeliehen bekommen zu haben.

Nach unserer Husky-Safari hieß uns ein dampfender Kessel mit würzigem Glöggi willkommen. Um ein Glöggi zu machen, wird aus Rotwein, einem kräftigen Schuss Wodka und Gewürzen ein Glühwein zubereitet, der in mit einigen Mandeln und Rosinen gefüllten Gläsern serviert wird.

Man kann aus schwarzem Johannisbeersaft auch einen alkoholfreien Glöggi zubereiten. Bereiten Sie diesen auf die gleiche Art und Weise zu, ersetzen Sie einfach den Wein durch den Beerensaft und lassen Sie natürlich auch den Wodka weg.

Wirsingrouladen mit Pilzen und Gerste

Ergibt ca. 15 Stück

15 Wirsingblätter
50 g Gerstengrütze (wahlweise
  auch brauner Reis)
75 g Pilze, grob gehackt
1 kleine Zwiebel, in Würfel
  geschnitten
2 Wirsingblätter, fein gehackt
1 EL Majoran, gehackt

eine Handvoll Sauerampfer, klein
  geschnitten (wahlweise auch
  frischer Spinat mit einem Schuss
  Zitrone)
¼ Becher Sahne
50 g Quark
1 ½ TL Honig
abgefangenes Wirsingwasser
Butter

Heizen Sie zuerst den Ofen auf 200 °C vor.

Kochen Sie die Wirsingblätter in Salzwasser, bis sie weich sind, und gießen Sie dann das Wasser ab (fangen Sie es aber in einer extra Schüssel auf, da es noch benötigt wird). Entfernen Sie nun die dicken unteren Teile der Stiele von jedem Blatt.

Kochen Sie anschließend auch die Gerstengrütze (oder den Reis) in Salzwasser weich und gießen Sie dann das Wasser ab. Geben Sie die Gerste mit den Pilzen, der Zwiebel, dem gehackten Wirsing, dem Majoran und dem Sauerampfer in einen Mixer und zerkleinern Sie alles gut. Rühren Sie die Sahne sowie den Quark unter und schmecken Sie mit Salz und Pfeffer ab.

Formen Sie nun aus den Wirsingblättern kleine Päckchen: Geben Sie hierfür 2 EL der Füllung auf jedes Blatt, falten Sie dann die Enden aufeinander und rollen Sie schließlich das Ganze fest und kompakt.

Geben Sie die Wirsingrollen Seite an Seite auf ein mit Butter bestrichenes Backblech. Gießen Sie das abgefangene Kochwasser über und beträufeln Sie alles mit etwas Honig. Geben Sie zudem großzügig Butterflocken obenauf.

Backen Sie nun das Ganze im vorgeheizten Ofen für 30 Minuten. Reichen Sie mit Butter zubereitetes Kartoffelpüree, auf das Sie etwas Wirsingkochwasser träufeln, sowie Cranberry-Orangen-Soße dazu (siehe Seite 88).

In diesem Rezept wird das finnische Nationalgericht Kaalikääryleet um eine moderne Note erweitert: Dabei werden Wirsingblätter mit Pilzen und Gerste gefüllt und mit dem sommerlichen Kraut Sauerampfer gewürzt. Reichen Sie ein mit Butter zubereitetes Kartoffelpüree sowie Cranberry-Orangen-Soße (siehe Seite 88) dazu. Für das Rezept kann beinahe jede Pilzsorte verwendet werden. Wir neigen dazu, für besondere Gelegenheiten Pfifferlinge und weiße Champignons, im Alltag aber eher braune Champignons zu verwenden.

Huskys sind treue und unentbehrliche Begleiter in Lappland – so auch unser Husky Peanut

Ofenpfannkuchen mit Erdbeer-Heidelbeer-Kompott

2 große Eier
500 ml Vollmilch
50 g Zucker
60 g Mehl
2 EL zerlaufene Butter
1 Vanilleschote, der Länge nach
  aufgeschnitten

Für das Kompott
200 g Erdbeeren, geviertelt
125 g Heidelbeeren
Honig nach Geschmack

Heizen Sie den Ofen auf 200 °C vor.

Schlagen Sie die Eier schaumig und verquirlen Sie diese anschließend mit der Milch und dem Zucker. Rühren Sie nach und nach zuerst das Mehl, dann die zerlaufene Butter unter.

Geben Sie den Teig in eine eingefettete Kuchenform (ca. 20 cm im Durchmesser), platzieren Sie die Vanilleschote in der Mitte des Teigs und backen Sie das Ganze für ungefähr 30 Minuten im vorgeheizten Ofen. Der Pfannkuchenteig sollte danach fest und goldbraun sein und Blasen bilden. Lassen Sie den Pfannkuchen etwas abkühlen und schneiden oder rupfen Sie ihn dann in kleine Stücke.

Kochen Sie für das Kompott die Beeren vorsichtig mit etwas Wasser und etwas Honig in einem Topf auf.

Geben Sie zum Schluss das Kompott auf die Pfannkuchenstücke und auf Wunsch noch einen Löffel Crème fraîche obenauf.

Wir trafen in Finnland auf eine große Leidenschaft für die gesunde Küche – hierbei ist das Sammeln von Beeren und anderen Produkten der Natur ein wichtiger Aspekt und Teil der finnischen Kultur. Das gesunde Leben an sich ist sehr populär, exemplarisch dafür ist die allgegenwärtige Leidenschaft für die Sauna. In der finnischen Sauna wird mit Kiefernholz heißer Rauch erzeugt und sie steht oftmals in kleinen Holzhütten mitten im Wald, direkt am Meer oder an einem See und ist weit mehr als nur der Ort für eine Freizeitaktivität. Die Sauna wird als Quelle des Nationalstolzes betrachtet, und man pflegt so die Verbundenheit zu einer mystischen Vergangenheit. Das Sauna-Ritual beinhaltet oft auch ein Festmahl mit saisonalen Produkten

Ofenpfannkuchen, Pannu-kakku, werden traditionellerweise nur donnerstags als Dessert gereicht. Warum aber sollte man diesen Genuss beschränken? Servieren Sie sie doch einfach auch zu einem lustvollen sonntäglichen Brunch oder als nachmittägliche Köstlichkeit zu einer Tasse kräftigem Kaffee.

Die dicken Pfannkuchen ähneln in ihrer Konsistenz den englischen gebackenen Custards oder dem österreichischen Kaiserschmarrn und sind, wenn sie ein wenig abgekühlt sind, fest genug, um in kleine Stücke geschnitten oder gerupft und mit Beerenkompott und Crème fraîche noch warm serviert zu werden.

In den Sommermonaten kann man an den Essensständen am Marktplatz im Hafen von Helsinki gut an ein preiswertes und leichtes Mittagessen kommen wie beispielsweise das klassisch finnische Gericht Rutmus aus locker-leichtem, cremigen Wurzelgemüse, das mit in Zimt gebratener Zwiebel und gegrilltem Spargel serviert wird.

In den zahlreiche Seen Lapplands spiegeln und verdoppeln sich die Farben der Herbstlandschaften

und der eher weniger gesunden Praxis, ausgiebige Mengen an Wodka und Schnapps zu konsumieren. Zumeist beinhaltet ein Saunagang auch ein gewisses Maß an kreislaufanregender «Selbstgeißelung» mit Birkenzweigen, immer aber endet er mit einem kraftvoll belebenden Sprung in eiskaltes Wasser. Sogar mitten im tiefsten Dunkel des eisigen Winters wird die Sauna als Ort der Entspannung und der zurückkehrenden Wärme mit Freunden und Familie, ja sogar mit Geschäftspartnern betrachtet. Und in den Sommermonaten ist ein Gang in die Sauna zum Entspannen der Muskeln das perfekte Ende eines langen Tages voll Wanderungen oder Radtouren durch die unberührte Landschaft Finnlands.

Rutmus aus Pastinaken, Steckrüben und Kartoffeln

500 g Kartoffeln, geschält und in Würfel geschnitten
250 g Steckrüben, in Würfel geschnitten
2 Pastinaken, in Würfel geschnitten
50 g Butterflocken
½ Becher Sahne
Spargel, entweder gegrillt oder leicht in Wasser gekocht, zum Anrichten

Für die Auflage
1 große rote Zwiebel, klein geschnitten
1 EL Olivenöl
1 EL Butter
1 TL Zimt, gemahlen

Kochen Sie die Kartoffel-, Steckrüben- und Pastinakenwürfel in Salzwasser auf kleiner Flamme, bis sie weich sind. Gießen Sie das Wasser ab und pürieren Sie das Ganze grob, sodass noch einzelne Stückchen erhalten bleiben. Verquirlen Sie anschließend das Püree von Hand mit einem Schneebesen, bis es schön cremig ist. Geben Sie nun die Butterflocken sowie die Sahne dazu und verquirlen Sie alles weiter von Hand, bis das Püree schön locker und leicht ist. Mit Salz und gemahlenem weißen Pfeffer abschmecken.

Sautieren Sie für die Auflage zuerst die Zwiebel in Olivenöl und Butter, bis sie weich ist. Geben Sie dann den Zimt dazu und braten Sie alles so lange weiter, bis die Zwiebel karamellisiert. Löffeln Sie zum Schluss die Auflage auf den Rutmus und servieren Sie auf Wunsch Spargel dazu.

In diesem Rezept wird eine Soße aus schwarzen Johannis- und Brombeeren mit in Apfel und Gewürzen gekochtem Rotkohl vereint – eine süß-saure Geschmackskombination, die in Finnland sehr beliebt ist.

Der mit Gewürzen verfeinerte Rotkohl wird mit der Zeit immer besser und kann sehr gut am nächsten Tag kalt mit Käse und dünnen gebutterten Roggenbrotscheiben gegessen werden.

Wenn keine Beerensaison ist, lohnt ein Blick in die Tiefkühlabteilung, da diese meist alles bietet – und Sie können ruhig auch mal eine Packung gefrorener Beeren verwenden.

Im Uhrzeigersinn von links oben: **Eine typische Holzkirche in Karesuando; die Schönheit der Landschaft Nordnorwegens; der Elch – kein seltener Gast in Lappland; Finnen sind viel mit dem Fahrrad unterwegs – auch auf der Insel Suomenlinna in Helsinki**

Gewürzter Rotkohl mit einer Soße aus schwarzen Johannis- und Brombeeren

2 EL Butter

1 mittelgroße rote Zwiebel, fein gehackt

500 g Rotkohl, klein geschnitten

2 mittelgroße säuerliche Äpfel, klein geschnitten

1 EL Honig

10 Gewürznelken

10 Pimentkörner

1 ½ TL Rotweinessig

200 ml ungesüßter Beerensaft, beispielsweise aus Heidelbeeren oder schwarzen Johannisbeeren (roter Traubensaft eignet sich auch)

Für die Beerensoße
etwas Butter
150 g schwarze Johannisbeeren (oder Heidelbeeren)
150 g Brombeeren
etwas Beerensaft
Honig nach Geschmack

Schmelzen Sie zunächst die Butter in einem gusseisernen Topf. Sautieren Sie darin die Zwiebel, den Rotkohl, die Apfelstücke sowie den Honig, bis das Gemüse beginnt weich zu werden. Geben Sie nun die restlichen Gewürze sowie den Essig und den Saft dazu. Schmecken Sie mit Salz und gemahlenem weißen Pfeffer ab und garen Sie anschließend alles auf kleiner Flamme für ungefähr 30 Minuten. Die Flüssigkeit sollte sich reduziert haben und der Kohl gut durch und weich sein (geben Sie, wenn nötig, noch einen Schuss Saft dazu).

Bereiten Sie nun die Soße zu. Schmelzen Sie hierfür etwas Butter in einem kleinen Topf und geben Sie dann die Beeren dazu. Verrühren Sie das Ganze so, dass die Beeren gut mit der Butter bedeckt sind. Geben Sie anschließend etwas Saft hinzu und schmecken Sie alles mit Honig ab. Köcheln Sie nun alles auf kleiner Flamme so lange, bis die Beeren weich sind und auseinanderfallen.

Servieren Sie den gewürzten Rotkohl mit einer ordentlichen Portion Beerensoße und reichen Sie Rutmus (siehe Seite 93) dazu.

JAPAN

Mit dem Hochgeschwindigkeitszug zu den antiken Gärten

Im Uhrzeigersinn von links oben: **Das Ambiente in einer unserer Stationen in Arashiyama nahe Kyoto, eingerichtet im klassischen Ryokan-Stil; der Kiyomizu-Tempel in Kyoto im Regen; wie durch einen Tempel schreitet man durch die Bambuswaldbögen in Arashiyama**

Seilen 96 – 97: **Ein Weg durch die Torji-Tore am Fushimi-Inari Taisha-Schrein nahe Kyoto**

Eine der größten Freuden am Reisen sind jene unerwarteten perfekten Momente, die aus dem Nichts auftauchen — jene Erfahrungen, die eine ganze Reise wertvoll machen und einem eine für immer bleibende Erinnerung schenken. Das Reisen in Japan hielt für uns derart viele solcher Momente bereit, dass wir aufhörten, sie zu zählen. Zu den besten gehörten sintflutartige Regenfälle — und jene Orte, die schon im strömenden Regen pures Glück bedeuten können, müssen noch viel mehr in sich tragen. Für uns stellte sich heraus, dass Japan als Reiseziel mehr zu bieten hat als die meisten anderen Orte der Welt. Es war das einzige Land Asiens, in dem wir zuvor noch nie waren, und so empfanden wir das Reisen dort, als ob wir eine geheime neue Welt entdecken würden, von der uns noch nie etwas erzählt worden war. Viele Dinge schienen auf den ersten Blick vertraut, doch dies war eine Illusion. Egal, wohin man reist, es ist immer eine Herausforderung, wenn man der jeweiligen Sprache nicht mächtig ist. Doch an Orten, wo es noch nicht mal das lateinische Alphabet gibt, ist es gleich doppelt so hart. In Japan aber wandelten sich diese Nachteile zu Glück, da sie uns zwangen, mit den Menschen, denen wir entlang unseres Weges begegneten, den Austausch zu suchen.

Mit Zugtickets und einem englischsprachigen Fahrplan ausgestattet, sowie mit dem Vorsatz, in traditionellen Unterkünften, sogenannten «Ryokans», überall dort zu übernachten, wo wir hinkommen würden, begannen wir das, was sich wie ein echtes Abenteuer anfühlte. Der Shinkansen (ein Hochgeschwindigkeitszug) brachte uns in unglaublichem Tempo von Großstadt zu Großstadt, und auch die eher konventionellen Züge transportierten uns problemlos in die ländlichen Gemeinden. Unsere Reise führte von Tokio hinüber nach Kanazawa, einem charmanten Provinzstädtchen, das zwischen den japanischen Alpen und dem japanischen Meer liegt, dann westwärts nach Okayama an der Kibi-Ebene und schließlich über Kyoto nach Mito und zum Senba-See an der Pazifikküste.

Jeder einzelne Zug war makellos, komfortabel und pünktlich! Die Schaffner und Snack-Verkäufer verbeugen sich höflich dreimal vor den Passagieren, wenn diese in die Waggons ein- oder aussteigen. Die gesamte Reise verlief reibungslos, bis der schlimmste Taifun, der Japan seit über einer Dekade heimsuchte, Überschwemmungen und Zerstörungen hinterließ und uns im Hoshinoya-Ryokan tief im dichten Bambuswald von Arashiyam, einem an Tempeln reichen Vorort von Kyoto, gefangen hielt.

Es gibt auf der Welt wenig bessere Orte, an denen man festsitzen kann. Während wir das Frühstück auf dem niedrigen Tisch ausbreiteten, schauten wir durch das verschiebbare Sichtfenster aus Reispapier und Bambus unseres wunderschönen Zimmers dem Regen dabei zu, wie er gleich Silberfäden durch die goldenen Ahornblätter in den tiefer gelegenen tosenden Fluss prasselte. Wir betrachteten die Szenerie in der Erkenntnis, dass es gänzlich unmöglich war, auch nur irgendetwas anderes tun zu können, als dieses Schauspiel zu genießen — und erlebten so einen vollkommenen Moment.

Essen in Japan

Japanische Rezepte sind letztlich nicht schwierig zuzubereiten, man benötigt aber unbedingt die richtigen Zutaten dafür. Heutzutage sind diese jederzeit in Asia-Läden, gut sortierten Supermärkten und Spezialitätengeschäften (oder, wenn's gar nicht vor Ort geht, auch via Onlinehandel) zu bekommen. Die köstlichen Geschmacksnuancen von Miso, Shoyu und Mirin bilden die Basis von Soßen und Brühen, dazu liefern Ingwer sowie die pikante Meerrettichwürze Wasabi die notwendige Schärfe. Algen, Bohnen, Kürbis, Lotuswurzel, Pilze, Rüben, Tofu, weißer Rettich sowie eine Vielzahl an Blattgemüse werden entweder auf kleiner Flamme geköchelt oder gedünstet, geröstet oder gebraten und sorgen für die richtige Balance aus knusprig und weich.

Was das Essen betrifft, so waren die japanischen Menükarten für uns anfangs eine Sammlung mit rätselhaften Zeichen. Zum Glück aber sind die meisten Restaurants auf nur eine Art Essen, wie Sushi, Tempura oder Tofu, spezialisiert und zeigen entweder Fotografien oder Modelle aller angebotenen Gerichte. In den Städten gab es zudem genug Menschen, die Englisch sprachen und uns bei der Suche nach vegetarischen Gerichten helfen konnten. Deren Aussprache und Optik prägten wir uns dann ein, um auch in den kleinen Städtchen auf dem Land zu überleben. Vegetarische Speisen sind in Japan ziemlich verbreitet, Puristen müssen aber auf die omnipräsente Fischbrühe Dashi achten, die eine wichtige Zutat vieler japanischer Gerichte ist.

Das Herzstück der japanischen Kochphilosophie ist Einfachheit. Um den unverfälschten Geschmack zu bewahren, werden die einzelnen frischen Zutaten oft roh oder nur leicht gekocht oder geräuchert und separat zu den Soßen serviert.

Alles wird sorgfältig vorbereitet. Das Gemüse wird in kunstvolle mundgerechte Stücke geschnitten (gerade richtig für Essstäbchen), bis zum exakten Punkt der Bissfestigkeit gekocht und kunstvoll auf glasiertem Geschirr oder edlem Porzellan arrangiert. Eine große Auswahl an einfachen kleinen Gerichten kann eine ganze Mahlzeit bilden. Immer und überall wird Sake (Reiswein) getrunken, und zu besonderen Gelegenheiten eröffnet der Gast ein Fest, indem er drei Tassen davon kurz hintereinander trinkt. Jedes Essen wird mit grünem Tee beendet.

Curry kam aus Indien durch die Briten nach Japan. Das Rezept wurde über die Jahre immer weiter verändert, bis es zu einer sämigen, ausgesprochen mild-aromatischen Soße wurde, die zu Reis mit unterschiedlichen Beilagen gegessen wird.

Die Grundlage eines «japanischen Currys» ist eine Mehlschwitze. Fertige Mehlschwitze wird in Tafeln, die entfernt wie Schokolade aussehen, verkauft. In einem winzigen Curry-Haus in Okayama aßen wir ein köstliches Curry, das aus einer selbst-gemachten Curry-Schwitze zubereitet worden war und mit gedünstetem Gemüse (Blumenkohl, Brokkoli, Karotten, Bohnen und Zucchini) serviert wurde. Zu Hause geben wir auch gerne gebratenen Tofu dazu.

Okayama Gemüse-Curry

5 EL Butter	1 Prise Cayennepfeffer
2 mittelgroße Zwiebeln, in dünne Scheiben geschnitten	1 EL Tomatenmark
	1 l Gemüsebrühe
3 Knoblauchzehen, gehackt	3 Lorbeerblätter
ein 2,5 cm großes Stück Ingwer, geschält und geraspelt	2 Sternanis
	2 EL Shoyu
1 großer Speiseapfel, geraspelt	½ TL schwarzer Pfeffer
4 EL Mehl	1 EL Garam Masala
1 EL mildes Currypulver	1 TL Honig

Sautieren Sie zunächst die Zwiebeln mit dem Knoblauch, dem Ingwer und dem Apfel in einem Topf mit geschmolzener Butter, bis alles karamellisiert.

Bereiten Sie nun eine Mehlschwitze zu. Rühren Sie dafür das Mehl, das Currypulver sowie den Cayennepfeffer in die Zwiebel-Apfel-Masse. Rühren Sie anschließend das Tomatenmark ein und geben Sie nach und nach die Brühe dazu, sodass alles gut vermischt ist.

Geben Sie nun die Lorbeerblätter, den Sternanis, die Shoyu, den Pfeffer, das Garam Masala sowie den Honig dazu. Köcheln Sie alles auf kleiner Flamme so lange, bis sich die Soße verdickt und das Öl austritt. Mit Salz und Pfeffer abschmecken.

Servieren Sie das Curry, indem Sie es über eine Portion kurzkörnigen japanischen Reis (siehe Seite 108) löffeln, und reichen Sie gedünstetes Gemüse Ihrer Wahl dazu.

Buchweizennudeln mit Soße und Wasabi

450 g Soba (Buchweizennudeln)

5 Frühlingszwiebeln, klein geschnitten

ein Blatt Nori-Alge, in 4 cm lange Streifen geschnitten

500 g Blattspinat

1 gehäufter TL schwarze Sesamsaat

Wasabi, zum Anrichten

Für die Soße

125 ml Shoyu oder wahlweise milde Sojasoße

125 ml Mirin

250 ml Wasser

Bereiten Sie als Erstes die Soße vor. Kochen Sie dafür alle Zutaten in einem Topf auf. Lassen Sie anschließend das Ganze ein paar Minuten lang sprudelnd kochen und reduzieren Sie dann die Hitze. Köcheln Sie alles auf kleiner Flamme für einige weitere Minuten. Nehmen Sie nun die Soße vom Herd und richten Sie sie in kleinen Portionsschüsseln an, um sie zu den Nudeln servieren zu können.

Bereiten Sie die Soba-Nudeln nach der Zubereitungsanleitung der Verpackung zu. Gießen Sie dann das Kochwasser ab und spülen Sie die Nudeln sorgfältig mit kaltem Wasser klar, sodass alle Stärkereste entfernt werden – die Nudeln sollten sich gut durch und elastisch anfühlen.

Drehen Sie die Nudeln auf den Tellern zu hübschen Spiralen und bestreuen Sie sie mit der Hälfte der Frühlingszwiebeln, den Nori-Blättern und dem Sesam.

Tauchen Sie nun den Spinat kurz in kochendes Salzwasser, sodass er seine ursprüngliche Form zu verlieren beginnt. Lassen Sie ihn abtropfen und spülen Sie ihn anschließend mit kaltem Wasser ab. Geben Sie den Spinat danach in ein Sieb und drücken Sie auch das letzte bisschen Wasser aus ihm raus.

Schneiden Sie den Spinat in 2 cm lange Streifen.

Richten Sie nun den Spinat neben den Nudeln in gleicher Weise an und bestreuen Sie ihn mit den restlichen Frühlingszwiebeln, Nori-Blättern und Sesam. Geben Sie zum Schluss je einen Teelöffel Wasabi auf den Teller.

Beim Essen selbst mischen Sie zunächst etwas Wasabi mit der Soße und geben es über die Nudeln und den Spinat. Reichen Sie, wenn Sie mögen, etwas Seidentofu, der mit Ingwer und Schnittlauch garniert ist, dazu.

An schwül-heißen Sommertagen wird in den Straßen Tokios dieses erfrischende Gericht aus Soba-Buchweizennudeln und kurz gekochtem Spinat angeboten, das kalt mit Sojasoße und Mirin (süßem Reiswein) sowie Wasabi serviert wird. Reichen Sie dazu am besten kalten Seidentofu, den Sie einfach mit etwas geraspeltem Ingwer und Schnittlauch garnieren.

Die Würze erhalten japanische Gerichte durch Wasabi, eine Meerrettichpaste. Sie können diese entweder fertig in einer Tube oder als Pulver kaufen (das Pulver mit etwas Wasser zu einer Paste verrühren). Verwenden Sie die Wasabi mit Bedacht, sollten Sie damit nicht vertraut sein, denn sie besitzt eine ziemliche Schärfe. Zur Sushi-Zubereitung werden am häufigsten dünne Blätter der Nori-Algen verwendet.

Der süße, alkoholische Mirin wird in der japanischen Küche dafür verwendet, den salzigen Geschmack der Sojasoße Shoyu in die richtige Balance zu bringen.

Der Zen-Garten von
Hoshinoya in Arashiyama

In Japan werden Eier gerne in den heißen Quellen im dampfenden Schwefelwasser pochiert. Die weichgekochten Eier werden dann wie im Rezept zuvor mit Buchweizennudeln serviert – ergänzt um Tofu und Brunnenkresse. Avocados schmecken als Kombination zu den Eiern mit Tofu vorzüglich.

Ein traditionelles Frühstück besteht in Japan aus einer Miso-Suppe, Reis und eingelegtem Gemüse.

Ein Mittagessen wäre beispielsweise eine dampfende Schale Soba-Nudelsuppe, ein einzigartig gewürztes Curry in einem der beliebten Curry-Restaurants oder eine der vielen verschiedenen Bento Lunch-Boxen, die überall angeboten werden. Sushi-Restaurants findet man von einfach bis sehr kunstvoll, mit entsprechenden Preisniveaus.

Für ein qualitativ gutes Abendessen strömen die Einheimischen gerne in ein Izakaya, einen belebten japanischen Pub, in dem einheimisches Bier und Sake serviert wird und der gut durch die rote Laterne neben der Eingangstür erkennbar ist.

Egal ob Tofu-, Tempura- oder Sukiyaki-Restaurants – es gibt unendlich viele Orte, an denen jede nur erdenkliche japanische Spezialität genossen werden kann.

Oben: **Wasabi in seiner typischen Darreichungsform – als Pulver oder Paste**

Rechts: **Ein Ort der Besinnung und Begegnung für Mensch und Tier – der Tempel Todai-ji in Nara (Blick auf das Eingangstor, das Nandaimon)**

In Miso gekochte Aubergine

8 getrocknete Shiitakepilze, in
125 ml heißem Wasser so lange
eingelegt, bis sie weich sind

3 EL Sesamöl

8 Baby-Auberginen, der Länge
nach in Viertel geschnitten

3 EL rote Miso

200 ml heiße Gemüsebrühe

2 Karotten, in Streifen geschnitten

2 EL Mirin

2 EL Shoyu oder wahlweise milde
Sojasoße

1 ½ TL Honig

125 g Zuckererbsen

1 kleine Stange Lauch oder
4 Frühlingszwiebeln, klein
geschnitten, zum Servieren

Vierteln Sie die eingeweichten Shiitakepilze – die abgegossene Flüssigkeit zuvor abfangen und aufbewahren.

Garen Sie nun die Auberginen in einem Wok mit etwas Salz in heißem Sesamöl, bis sie weich sind.

Lösen Sie dann die Miso in der heißen Gemüsebrühe auf und geben Sie anschließend 5 EL des Shiitakewassers dazu (vermeiden Sie dabei aber den Bodensatz in der Schüssel). Gießen Sie die Flüssigkeit über die Auberginen und geben Sie die geviertelten Shiitakepilze sowie die Karotten dazu. Lassen Sie alles auf kleiner Flamme für 5 Minuten ziehen.

Geben Sie nun den Mirin, die Shoyu sowie den Honig dazu, anschließend die Zuckererbsen und kochen Sie alles auf kleiner Flamme al dente.

Garnieren Sie das Gericht mit dem klein geschnittenen Lauch und reichen Sie Klebreis (siehe Seite 108) dazu.

In einigen der buddhistischen Tempel Japans gibt es noch immer die Tradition des «Shojin Ryori»: Zu Essenszeiten werden für jeden, der möchte, vegane Gerichte zubereitet. Wir kosteten Auberginen, die in einer schmackhaften Brühe gekocht und mit klebrigem Reis serviert werden.

Links: **Pause der Gärtner im Schatten der Bäume im Garten Kenroku-en**

Grundlage eines jeden Essens ist eine Miso-Suppe mit Reis. Man beginnt damit den Tag beim Frühstück, wo sie schlicht mit knusprig eingelegtem Gemüse serviert wird. Zum Abendessen wird sie um reichlich Beilagen ergänzt zu einem umfangreichen Mahl.

Miso, eine dicke Paste, die aus fermentierten Sojabohnen, Reis, Gerste oder anderen Getreidearten hergestellt wird, gibt es in zwei gängigen Typen: rot und stark würzig, weißlich, hell und süßlich. Zudem werden auch Mediumversionen angeboten. Wir neigen dazu, die Mediumvariante zu verwenden; experimentieren Sie aber ruhig mit allen, um diejenige herauszufinden, die Sie bevorzugen.

Wir geben gerne mehr Gemüse in dieses Basisrezept, um so ein schnelles und nahrhaftes Essen zu erhalten.

Rechts: **Koi-Karpfen werden noch heute in Japan als Statussymbole gehalten**

Miso-Suppe mit Reis

5 g Wakame-Algen
1 ½ Liter Gemüsebrühe
3 EL mittelstarke Miso

225 g Seidentofu, in Würfel geschnitten
4 Frühlingszwiebeln, fein gehackt, zum Anrichten

Weichen Sie zunächst die Wakame-Algen für einige Minuten in heißem Wasser ein, sodass sie wieder geschmeidig sind. Gießen Sie anschließend das Wasser ab und schneiden Sie die Algen in mundgerechte Stücke.

Kochen Sie nun die Gemüsebrühe in einem Topf auf. Verdünnen Sie dann die Miso, indem Sie einen Löffel heiße Brühe mit der Miso in einer extra Schüssel vermischen.

Reduzieren Sie die Hitze und geben Sie die verdünnte Miso in den Topf. Achten Sie darauf, dass sie nicht kocht.

Geben Sie nun die Wakame und den Tofu dazu und lassen Sie das Ganze für ein paar Minuten auf kleiner Flamme köcheln. Bestreuen Sie zum Schluss die Suppe mit den klein geschnittenen Frühlingszwiebeln und reichen Sie japanischen Reis (siehe Seite 108) dazu.

Wir lieben eine Miso auch mit:
Ingwer, geraspelt
Shiitakepilzen oder Mu-Err-Pilzen, klein geschnitten
Endamebohnen (frische Sojabohnen)
Brokkoli, geraspelter Karotte, Pak Choi

Japanischer Reis

Damit der Reis die perfekte klebrige Konsistenz erhält, sollten Sie ihn erst sorgfältig waschen, bis das Wasser vollkommen klar wird.

Um den Reis zu kochen, ist es am besten, ein wenig mehr Wasser als Reis zu verwenden. Für ein bestmögliches Resultat verwenden wir immer einen Messbecher – 250 ml japanischer Reis auf 300 ml kaltes Wasser. 250 ml Reis reichen für vier durchschnittliche oder für drei üppige Portionen. Wenn Sie sich an diese Maßangaben halten, gelingt er bestimmt.

Geben Sie den gewaschenen Reis mit der richtigen Menge Wasser in einen gusseisernen Topf. Kochen Sie das Ganze zunächst auf und decken Sie anschließend den Topf mit einem dicht verschließenden Deckel ab. Den Reis nun auf minimaler Hitze für 12 Minuten garen lassen. Nehmen Sie anschließend den Topf vom Herd, lassen den Reis aber für weitere 10 Minuten ruhen. Widerstehen Sie dabei stets der Versuchung, den Deckel zu öffnen!

Lockern Sie zum Schluss den Reis vorsichtig mit einem Reislöffel. Der Klebreis wird sich von Natur aus etwas zusammenklumpen.

Reis wird als die Grundlage der japanischen Küche betrachtet, was sich passenderweise auch in der wörtlichen Übersetzung des japanischen Wortes für gekochten Reis ausdrückt: «Mahlzeit». Der japanische Reis hat kurze Körner und wird auf eine Art gekocht, dass er gerade so klebrig ist, dass er gut mit Essstäbchen gegessen werden kann, dabei aber noch etwas Biss behält.

Reis geht in Japan Hand in Hand mit eingelegtem Gemüse. Ganze Fässer davon stehen in den Auslagen der Lebensmittelgeschäfte, und man wird förmlich dazu aufgefordert, erst zu probieren, ehe man kauft.

Bevor das Gemüse eingelegt wird, wird es erst leicht gesalzen und dann beispielsweise mit Sake oder Miso raffiniert verfeinert.

Blick auf einen der liebevoll angelegten Seen im Garten Koraku-en

Gemischtes eingelegtes Gemüse

2 Blätter Chinakohl, in mundgerechte Würfel geschnitten

2 Blätter Rotkohl, in mundgerechte Würfel geschnitten

1 Karotte, in längliche Streifen geschnitten

¼ Kohlrabi oder wahlweise eine Steckrübe, in längliche Streifen geschnitten

¼ Gurke, in dicke Streifen geschnitten

feines Meersalz

25 g Rosinen, gehackt

90 ml Sake, wahlweise 1 gehäufter TL Miso, der in 90 ml warmem Wasser aufgelöst wird

Geben Sie als Erstes das Gemüse in eine Schüssel und bestreuen Sie es mit einer guten Prise Meersalz. Mischen Sie alles gut durch, um sicherzustellen, dass das ganze Gemüse gesalzen ist. Lassen Sie anschließend das Ganze für 10 Minuten ruhen.

Kneten Sie danach das Gemüse mit Ihren Fingern gut durch, um jegliche überschüssige Flüssigkeit herauszudrücken.

Geben Sie nun das Gemüse zusammen mit den gehackten Rosinen und dem Sake in eine andere Schüssel.

Decken Sie das Gemüse mit einem Teller (der kleiner als die Schüssel ist, also in ihr versinkt) ab und beschweren Sie diesen mit einem Gewicht. Lassen Sie alles 20 Minuten lang ziehen. Seihen Sie danach alles durch ein Sieb ab. Das eingelegte Gemüse ist nun servierfertig.

Die meisten japanischen Gärten gehören zu Schlössern, Tempeln oder Teegärten. Einige davon sind üppige Hofgärten mit sorgsam angelegtem Grün. Andere wiederum zeichnen sich durch verzweigte Systeme aus miteinander verbundenen Bachläufen, Seen und Wasserspielen aus oder sind minimalistische Meditationsorte mit geharktem Kies und sorgfältig platzierten Gesteinsformationen. Die drei großen Gärten Japans, die als die schönsten von allen gelten, stehen jedermann offen. Es sind weite Flächen an gezähmter Natur und raffiniert gestalteter Gartenkunst.
Die «Großen Drei» haben sehr ähnliche Namen: Kenroku-en, Koraku-en und Kairaku-en (wobei «en» offensichtlich Garten bedeutet). Es war schön, alle drei besichtigt zu haben, die wahren Vergnügen dieser Reise aber waren das Essen, die Menschen sowie die Ryokans, die traumhaften Unterkünfte.

Selbstgerolltes Sushi

Ergibt 6 Stück

12 Blätter Nori-Alge, geviertelt
Shoyu oder wahlweise milde
    Sojasoße in kleinen extra
    Schalen
Wasabi
Ingwer, geschält und geraspelt

Für den Reis
4 EL Reisessig
6 TL Zucker (oder nach
    Geschmack)
1 TL Salz
500 ml japanischer Reis, zubereitet
    wie auf Seite 108 beschrieben

Von uns empfohlene Füllungen:
Avocado, in Streifen geschnitten,
    mit Zitrone beträufelt
Karotten, in Streifen geschnitten
Gurken, in Streifen geschnitten
unverarbeitete Rote Beete, in
    Streifen geschnitten
Schnittlauch, in 4 cm lange Stücke
    geschnitten
rohe Pilze, klein geschnitten
    (beispielsweise Austernpilze
    oder braune Champignons)
marinierten oder angebratenen
    Tofu, in Streifen geschnitten
Senf und Kresse
einfaches Eieromelett, in Streifen
    geschnitten
eingelegter Ingwer
Mayonnaise

Bereiten Sie zunächst den Reis vor. Erhitzen Sie anschließend den Reisessig mit dem Zucker und etwas Salz und verrühren Sie alles so lange, bis sich der Zucker aufgelöst hat. Geben Sie dann den vorgekochten Reis in eine Schüssel und vermischen Sie ihn gut mit dem gleichmäßig zugegebenen gesüßten Essig. Decken Sie den Reis ab und lassen Sie das Ganze für 10 Minuten ruhen.

Platzieren Sie nun den Reis, die Nori-Algen sowie die Füllungen Ihrer Wahl in der Mitte Ihres Tischs.

Decken Sie für jeden Ihrer Gäste mit je einem Teller und einem Löffel, einer kleinen Schale Shoyu, einem TL Wasabi und etwas geraspeltem Ingwer ein und erklären Sie die folgenden *Basis-Instruktionen:* Nehmen Sie zuerst ein Blatt Nori-Alge in Ihre Hand, verteilen Sie darauf einen gestrichenen EL Reis, geben Sie nach Geschmack etwas Wasabi sowie etwas geraspelten Ingwer dazu und vollenden Sie das Ganze schließlich mit der Füllung Ihrer Wahl. Rollen Sie nun Ihr Sushi in eine Kegelform und dippen Sie es vor jedem Bissen in die Shoyu. Reichen Sie warmen Sake sowie Bier dazu.

Egal, ob als Zugabe zu einer Bento Lunchbox oder als Appetitanreger mit einem Glas Sake – Sushi gibt es in vielen verschiedenen Arten und Formen. In recht teuren Spezialrestaurants wird exquisites Sushi serviert, das von wahren Experten zubereitet wird, die im wahrsten Sinne des Wortes in jahrelangem Training die komplexe Kunst der Zubereitung erlernt haben. Der letzte Schrei sind Sushi-Partys. Dabei werden sämtliche Zutaten in der Mitte des Tisches ausgebreitet und die geladenen Gäste bedienen sich selbstständig – eine entspannte Art, Sushi gemeinsam mit Freunden zu genießen.

Guter Sushireis ist Grundvoraussetzung für das perfekte Sushi. Er besteht aus einer Mischung aus warmem japanischem Klebreis und süß-saurem Reisessig. Die Menge an Essig, die man dem Reis beimischt, hängt vom persönlichen Geschmack ab.

Wählen Sie aus den vorgeschlagenen Füllungen des Rezepts Ihre Favoriten aus und ergänzen Sie sie nach eigenem Geschmack.

Für dieses Gericht wird weicher Seidentofu «präpariert», indem man Shisho-Blätter, geraspelten Ingwer und gehackten Schnittlauch obenauf gibt, um so den Geschmack und die Textur des Tofu raffiniert zu maximieren.

Tofu ist ein Grundnahrungsmittel Japans. Es gibt ihn in zwei Arten: weicher Seidentofu, der am besten roh verwendet wird, und fester Tofu, bei dem die Bohnenmasse stark gepresst wurde, um eine festere Konsistenz zu erhalten; er eignet sich besser zum Kochen.

Shisho-Blätter gehören zu den weit verbreiteten Kräutern Japans. Sie können stattdessen auch einen Mix aus Basilikum und frischer Minze verwenden, sollten Sie kein Shisho bekommen.

Seidentofu mit Ingwer und Schnittlauch

Ergibt 4 Portionen

500 g Seidentofu
50 ml Shoyu oder wahlweise milde
    Sojasoße
2 EL Mirin
1 EL Sake

½ TL brauner Zucker
ein daumendickes Stück Ingwer,
    geschält und geraspelt
2 EL Schnittlauch, gehackt
2 EL Shisho-Blätter, gehackt, oder
    wahlweise ein Mix aus Basilikum
    und Minze

Tropfen Sie den Tofu ab und tupfen Sie ihn anschließend mit etwas Küchenpapier trocken. Schneiden Sie ihn in längliche Stücke, die Sie dann in kleine Portionsschalen geben.

Erwärmen Sie nun die Shoyu mit dem Mirin, dem Sake und dem Zucker so lange, bis sich der Zucker aufgelöst hat.

Geben Sie zum Schluss eine Portion geraspelten Ingwer auf den Tofu und streuen Sie den Schnittlauch sowie die Shisho-Blätter kunstvoll obenauf. Träufeln Sie dann gleich einer Perlenschnur etwas Shoyusoße um den Tofu.

Der Aufenthalt in den Ryokans, den traditionell eingerichteten japanischen Hotels auf dem Land, ermöglichte uns einen intimen Einblick in die elegante Einfachheit des traditionellen japanischen Lebens. In den minimalistischen Räumen gibt es einen Tatami-Boden (Strohmatten), Shoji (verschiebbare Sichtfenster aus Reispapier), Futon-Betten und Yukatas (Bade- und Hausmäntel im Kimono-Stil).

Die Ryokans findet man in allen Arten – von den recht schlichten familiengeführten Varianten bis zu den sehr opulent ausgestatteten Resorts. Sobald man angekommen ist, gibt man seine Schuhe im Tausch für ein Paar Slipper ab, die wiederum vor dem Raum gelassen werden. Ein Bad besteht aus einem ersten reinigenden Durchgang im Privaten, ehe man dann zu den anderen Gästen in eine gemeinschaftliche heiße Holzwanne steigt. In allen Ryokans, in denen wir nächtigten, bereiteten uns unsere Gastgeber mit Freude eine vegetarische Variante der traditionellen einheimischen Gerichte zu – und jedes Mal war es köstlich.

Im Uhrzeigersinn von links oben: **Blick in einen Zen-Tempelgarten in Kyoto; der Bambuswald im Garten Kairaku-en; Steinlaternen mit tierischem Besuch im Kasuga Taisha-Schrein; ein typisches Teehaus in Kanazawa; üppiges Grün in einem Garten in Kanazawa**

Udon-Nudelsuppe mit Gemüse

500 g Udon-Nudeln

1 ¼ l Gemüsebrühe

ein daumendickes Stück Ingwer, geschält und geraspelt

5 getrocknete Shiitakepilze, zuerst in kochendem Wasser eingeweicht, bis sie weich sind, und anschließend klein geschnitten

1 mittelgroßer Kopf Brokkoli, klein geschnitten

2 Karotten, in Streifen geschnitten

125 g Austernpilze, klein geschnitten

einige Handvoll Blattspinat, klein geschnitten

250 g Tofu, in Würfel geschnitten

3 EL Shoyu oder wahlweise milde Sojasoße

1 ½ EL Mirin

1 ½ EL Sesamöl

Zum Anrichten

Nanami togarashi: Chilipfeffer, der zusammen mit Sesamsaat, Ingwer und Alge gemahlen wird (oder, für den Fall, dass Sie dieses pikante japanische Gewürz nicht auftreiben können, wahlweise eine Garnitur aus Chiliflocken und Sesamsaat)

Bereiten Sie zunächst die Udon-Nudeln nach der Anleitung auf der Packung zu. Gießen Sie anschließend das Wasser ab und verteilen Sie die Nudeln gleichmäßig auf die einzelnen Suppenschüsseln.

Geben Sie die Gemüsebrühe mit dem geraspelten Ingwer sowie dem vorbereiteten Gemüse in einen Topf und kochen Sie alles einmal auf. Garen Sie das Ganze auf kleiner Flamme so lange, bis das Gemüse weich, aber noch bissfest ist.

Geben Sie nun den Tofu mit dem Shoyu, dem Mirin sowie dem Sesamöl dazu und lassen Sie alles für einige weitere Minuten köcheln. Löffeln Sie anschließend die Suppe über die Nudeln und bestreuen Sie das Ganze zum Schluss mit Nanami Tagarashi, um einen wahrhaft besonderen Gaumenkitzel zu erhalten.

Die dicken, etwas zähen Udon-Nudeln werden hier in einer klaren Brühe serviert, wodurch man ein nahrhaftes Wohlfühlessen erhält.

Udon-Nudeln werden entweder frisch oder tiefgefroren verkauft. Halten Sie am besten ein handliches Päckchen davon in der Tiefkühltruhe auf Vorrat, um jederzeit schnell ein leckeres Essen zubereiten zu können.

Dieses knusprige und leicht panierte Gemüse wurde mit einer Soße, etwas geraspeltem Ingwer und weißem Rettich zu unserem sündigen Vergnügen zu Mittag, wenn das Abendessen einfach viel zu weit entfernt schien.

Beinahe jede erdenkliche Gemüsekombination kann zu einer großartigen Tempura werden. Sie müssen nur darauf achten, dass das Gemüse vor dem Panieren vollkommen trocken ist.

Für eine perfekte Tempura muss die Panade eiskalt sein und sollte möglichst zügig verarbeitet werden.

Weißer Rettich findet in zahlreichen japanischen Rezepten Verwendung

Gemüse-Tempura mit Soße

½ mittelgroße Süßkartoffel, in
    Streifen geschnitten
die gleiche Menge Kürbis, in
    Streifen geschnitten
1 kleine rote Zwiebel, erst
    halbiert, dann klein geschnitten
1 kleine rote Paprika, klein
    geschnitten
8 Okra, der Länge nach geviertelt
Öl zum Ausbraten
weißer Rettich, geraspelt, sowie
Ingwer, geraspelt, nach
    Geschmack, zum Anrichten

Für die Soße
125 ml Shoyu oder wahlweise
    milde Sojasoße
125 ml Mirin
125 ml Wasser

Für die Panade
1 Eigelb eines großen Eis
250 ml Eiswasser (geben Sie dafür
    Wasser mit einer Handvoll
    Eiswürfel in den Kühlschrank;
    entfernen Sie jedoch die
    Eiswürfel vor dem Verarbeiten)
150 g Tempura-Mehl, wahlweise
    gesiebtes Mehl

Bereiten Sie zunächst die Soße zu. Geben Sie dafür alle Zutaten in einen Topf und kochen Sie das Ganze einmal auf. Köcheln Sie alles anschließend auf kleiner Flamme für ein paar Minuten weiter und nehmen Sie es dann vom Herd. Füllen Sie die Soße in kleine Portionsschalen.

Mischen Sie nun das Eigelb mit dem Eiswasser für die Panade. Achten Sie dabei aber darauf, die Mixtur nicht zu quirlen. Rühren Sie anschließend vorsichtig das gesiebte Mehl mit einem Essstäbchen unter; es ist normal, dass die Panade klumpig wird (und zur Erinnerung: Machen Sie mit der Mixtur so wenig wie irgend möglich).

Trocknen Sie nun das klein geschnittene Gemüse mit einem Küchenhandtuch oder etwas Küchenpapier ab. Mischen Sie es anschließend mit der Panade so, dass alles gut bedeckt ist.

Braten Sie jeweils einige Esslöffel dieser Mischung so lange aus, bis diese goldbraun und knusprig ist. Entnehmen Sie dann das panierte Gemüse aus der Pfanne und tupfen Sie es vor dem Servieren mit Küchenpapier gut ab. Richten Sie zum Schluss das Gemüse mit einer Garnitur aus geraspeltem Ingwer und Rettich an und reichen Sie die Soße zum Dippen dazu.

KUBA

Im Cabrio auf der Suche nach der «befreiten Küche»

Nach einer Pause von zwanzig Jahren kehrten wir nach Kuba zurück, um zu entdecken, dass in dem Land erneut eine Revolution stattfindet, dieses Mal eine kulinarische. Auf den Zusammenbruch der Sowjetunion folgte ein ökonomischer Niedergang, in dessen Folge es zu Engpässen in der Versorgung mit guten Lebensmitteln kam. Daher war das beste Gericht, das man in den staatlichen Restaurants bestellen konnte, gerade mal eine lausige Pizza, die mit etwas Tomatenpaste und billigem Schmelzkäse bestrichen war. Mit

revolutionärem Eifer aber stellten sich die Kubaner den Herausforderungen des Mangels und begannen damit, jedes freie Fleckchen Land zu kultivieren und eigenständig Ackerbau zu betreiben. Aus ihren kleinen Ernteüberschüssen kochten sie Essen und verkauften es in ihren Häusern unter der Hand an Touristen. Als diese «Pop-up-Restaurants», bekannt als «Paladares», schließlich legalisiert wurden, wurden sie zur Keimzelle einer abenteuerlichen «Küchen-Fusion». Die traditionellen kubanischen Gerichte vermischten sich mit anderen Einflüssen, und so erwachte eine neue kubanische Küche, die heute auch als «Nueva Cocina Cubana» bezeichnet wird.

Seit dieser Zeit eroberten sich einige Paladares in Havanna, wie beispielsweise das «La Guarida», einen internationalen Ruf für ihre Kombination aus aufregenden Menüs voll innovativer Kochkunst und cooler kubanischer Retro-Atmosphäre. Das Konzept von «La Guarida» wird oft imitiert – beinahe täglich scheinen neue «Guaridas» irgendwo in der Stadt zu eröffnen.

Auf der Suche nach den kulinarischen Schätzen außerhalb der Hauptstadt mieteten wir uns ein makelloses Cabrio, Typ 1956er Oldsmobile, und brausten mit geöffnetem Dach in der heißen karibischen Sonne los auf Entdeckungsreise quer über die Insel.

Der erste Halt war das Fischerdorf Cojimar, wo wir direkt am Meer Huevos Habaneros (in einer üppigen Tomatensoße ausgebackene Eier) als sensationelles Frühstück hatten. In Santa Clara gab es keine trendigen Paladares, sodass wir uns hier für den alten kubanischen Klassiker, Moros y cristianos, in einem Café entschieden. Die außerordentlich gute Version dort wurde mit einem frischen Spiegelei obenauf serviert sowie mit reichlich selbstgemachtem Mojo, einer sauren Orangen-Knoblauch-Soße, aufgepeppt.

In der schönen historischen Stadt Trinidad entdeckten wir in den herrlich restaurierten ehemaligen Herrenhäusern der Zuckerbarone Paladares, die jenen in Havanna um nichts nachstanden.

An der Küste der Schweinebucht wählten wir für ein Mittagessen einen Verkaufsstand am Straßenrand neben einer Bretterbude, in der man Schnorchelausrüstungen mieten konnte. Der angebotene pikante Garbanzo (Gemüseeintopf) mit einer spritzigen Salsa aus Avocado und roter Zwiebel sowie frisch gebackenem knusprigem Brot hielt jedem Restaurantvergleich stand. Die Szenerie war wunderschön: auf der einen Seite der verlassenen Straße die kristallklare Karibik voller Fischschwärme und Korallen, auf der anderen Seite tropischer Urwald. Das war der perfekte Ort für ein Glas des einheimischen Drinks Coco loco (eine frische Kokosnuss, die zur Hälfte mit der frischen Kokosmilch, zur anderen mit Rum gefüllt ist), dem Bio-Cocktail überhaupt – einfach köstlich und sehr kubanisch.

Seiten 116 – 117: «Coole Jungs» in Trinidad

Rechts: Ein Cabrio-Traum – unser roter 1956er Oldsmobile

Das Essen auf Kuba

Die klassische kreolische Küche Kubas kombiniert die spanische mit der afrikanischen und der karibischen und wird mit den Geschmacksrichtungen Mexikos, Chinas und Frankreichs abgerundet. Safran, Paprika, Knoblauch, Oregano, Zimt und Orangen treffen auf schwarze Bohnen, Oliven, Reis, Pfeffer, Tomate und Mais. Zwar ist nicht immer alles im Überfluss vorhanden, dafür aber vornehmlich selbst angebaut, saisonal und bio, also unbehandelt.

Nährstoffreiches Wurzelgemüse wie Yucca (andernorts auch als Maniok bekannt), Kartoffel oder Malanga (auch als Tannia angeboten) liefert die energiereichen Kohlenhydrate und wird zu Fritten verarbeitet oder gekocht und mit der bitteren kubanischen Mojo-Soße aus Orangen, Knoblauch und Olivenöl gegessen.

Ein Sofrito, eine Würzsauce aus fein geschnittenen Zwiebeln, grüner Paprika und Knoblauch, welche in Olivenöl sautiert werden, bildet die Basis vieler einfacher, aber schmackhafter kubanischer Rezepte. Gewürze und Kräuter werden moderat verwendet, dafür aber umso wirkungsvoller. Die Grundlage der kubanischen Küche bilden noch immer schwarze Bohnen und Reis, und sie werden in allen erdenklichen Variationen zubereitet – am besten sind aber meist die traditionellen Zubereitungsarten, so beispielsweise mit Kochbanane und einem saisonalen Salat.

Die sogenannten «Peso-Stände» verkaufen die beliebtesten Gerichte wie Kroketten, Empanadas, Mixto-Sandwiches und Pizza und sind die besten Orte für einen schnellen Imbiss. Der Stand aber mit der längsten Schlange davor ist unter Garantie jener, der Eis verkauft. Zu jeder Tages- und Nachtzeit konkurriert die Passion der Kubaner für diese cremige Köstlichkeit einzig mit ihrer Liebe zu Rum und Zigarren.

Entspannen lässt es sich vorzüglich bei einer Tasse einheimischem «Café Cubana» oder einem mit braunem Zucker gesüßten Espresso, der üblicherweise so gebrüht wird, dass er ein köstliches sanft-süßliches Finish hat. Er eignet sich außerdem perfekt dafür, mit Butter bestrichenes kubanisches Brot oder das süße luftige Gebäck namens Pastelitos hineinzutunken.

Die in den Bars servierten klassischen kubanischen Cocktails auf Rumbasis wie beispielsweise die bekannten Mojito oder Daiquiri auf Eis sind eine hervorragende Art und Weise, den Abend verstreichen zu lassen, ehe den Nachtschwärmern dann gegen Mitternacht die Medianoches (getoastete Sandwiches) serviert werden.

Am späten Abend tummeln sich in den Straßen ganze Familien und Freundesgruppen – und alle gemeinsam lauschen sie dem einfachen Klang einer akustischen Gitarre, spielen Domino und genießen ein Glas puren, naturbelassenen kubanischen Rum.

Im Uhrzeigersinn von oben: **Ein typischer Peso-Stand in Trinidad; überall werden Tacos an Straßenrand angeboten; auch Fahrräder werden zu Verkaufsständen – hier für Chili- und Paprikaschoten**

Pina Asadas mit Rum und Kokosnuss

1 mittelgroße Ananas	3 EL brauner Zucker oder
2 EL ungesalzene Butter	wahlweise Honig
4 EL dunkler Rum	eine gute Handvoll frische
Saft einer Limette	Kokosnuss, grob geraspelt
½ TL Zimt, gemahlen	Lieblingseissorte zum Anrichten

Schälen Sie zunächst die Ananas und achten Sie dabei darauf, dass alle Augen entfernt werden. Schneiden Sie dann die Ananas in dicke Scheiben und richten Sie diese in einer flachen Schale an.

Schmelzen Sie die Butter bei schwacher Hitze in einem kleinen Topf. Geben Sie anschließend den Rum, den Limettensaft, den Zucker sowie den Zimt dazu und verrühren Sie alles so lange, bis sich der Zucker aufgelöst hat. Gießen Sie nun die Flüssigkeit über die vorbereitete Ananas. Das Ganze für ungefähr 15 Minuten stehen lassen.

Bestreuen Sie die Ananasscheiben mit den Kokosraspeln und grillen oder braten Sie alles so lange, bis es karamellisiert. Streichen Sie eventuell übrige Marinade auf die Ananasscheiben und braten Sie auch die andere Seite. Reichen Sie zum Schluss eine große Kugel Ihres Lieblingseises dazu.

Klassischer Mojito

Pro Glas	eine Handvoll Eiswürfel
30 ml Limettensaft	Sodawasser
1 EL Zuckersirup (siehe in der	
Spalte rechts)	*Zum Garnieren*
eine kleine Handvoll frische Minze	Minzeblätter
55 ml milder Havana Club-Rum	Limettensegmente

Gießen Sie den Limettensaft sowie den Zuckersirup in ein Longdrink-Glas. Geben Sie eine kleine Handvoll frischer Minze dazu und rühren Sie alles kräftig um. Gießen Sie nun den Rum dazu. Verrühren sie alles nochmals gut, sodass die Minze nach oben steigt, und geben Sie dann eine gute Handvoll Eiswürfel dazu. Zum Schluss mit Sodawasser auffüllen. Garnieren Sie den Drink mit einigen Minzeblättern und einem Limettensegment.

Ein karibischer Abend vom Feinsten – umgeben vom Klang der Wellen, die an den Malecon brandeten, lernten wir den Gaumenkitzel einer mit Rum und frischer Kokosnuss karamellisierten Ananas, die mit Eis serviert wird, kennen.

Mojito – dieser kubanische Nationaldrink und zugleich das Lieblingsgetränk von Ernest Hemingway (sein handgeschriebenes Zeugnis dieser Hingabe kann noch immer an den Wänden der «La Bodeguita del Medio Bar» bewundert werden) ist immer und überall verfügbar. Dieser klassische Longdrink wird aus frischer Limette, Zuckersirup, Minze, Sodawasser und dem besten milden kubanischen Rum zubereitet.
Um selbst Zuckersirup herzustellen, mischen Sie je zu gleichen Teilen Puderzucker und Wasser in einem kleinen Topf. Erwärmen Sie den Topf langsam und vorsichtig, bis sich der Zucker aufgelöst hat. Lassen Sie den Sirup vor der Verwendung abkühlen.

Blick über die farbenfrohe Altstadt von Trinidad

Tortilla de Papa aus Zuckermais und karamellisierter Zwiebel

2 mittelgroße fest kochende
   Kartoffeln, geschält und
   geviertelt
2 EL Olivenöl
2 EL gesalzene Butter
1 große Zwiebel, klein geschnitten
2 Knoblauchzehen, fein gehackt
eine kleine Handvoll Thymian,
   gehackt
½ TL Paprikapulver

¼ TL Zimt, gemahlen
6 große Eier
ein Schuss Vollmilch oder
   wahlweise Sahne
eine kleine Handvoll glatte
   Petersilie, fein gehackt
50 g Manchego-Käse, wahlweise
   ein reifer Cheddar-Käse
100 g Zuckermaiskörner, frisch
   oder tiefgefroren

Kochen Sie zunächst die Kartoffeln in Salzwasser beinahe weich. Gießen Sie das Wasser ab, lassen Sie die Kartoffeln etwas abkühlen und schneiden Sie sie klein.

Erhitzen Sie nun das Olivenöl sowie die Butter in einer Pfanne (ca. 25 cm Durchmesser) mit Antihaftbeschichtung. Geben Sie dann die Zwiebel, den Knoblauch sowie den Thymian in das heiße Fett. Reduzieren Sie die Hitze auf ein Minimum und sautieren Sie das Ganze bei geschlossenem Deckel so lange, bis die Zwiebel glasig ist. Rühren Sie nun das Paprikapulver und den Zimt unter.

Verquirlen Sie anschließend die Eier mit einem Schuss Milch und schmecken Sie mit Salz und Pfeffer ab. Geben Sie nun die Kartoffelstückchen, die Petersilie, den geraspelten Käse, den Mais sowie die Zwiebel dazu.

Erhitzen Sie erneut etwas Olivenöl in der gleichen Pfanne. Heben Sie die Eiermasse unter und braten Sie das Ganze auf mittlerer Hitze, bis eine braune Tortilla entsteht, die sich vom Rand der Pfanne löst. Rütteln und bewegen Sie die Pfanne von Zeit zu Zeit, damit nichts anbrennt und anklebt.

Nun kommt der Teil für die Mutigen: Die Tortilla muss gewendet werden. Das ist leichter als gedacht – keine Sorge, nichts fliegt durch die Luft oder gar an die Decke. Nehmen Sie zunächst die Pfanne vom Herd und lassen Sie sie etwas abkühlen. Legen Sie dann einen Teller auf die Pfanne und stürzen Sie die Tortilla auf diesen. Lassen Sie die Tortilla vorsichtig zurück in die Pfanne gleiten und braten Sie auch die andere Seite. Alternativ kann die Tortilla auch in einer gusseisernen Pfanne unter einem heißen Grill von oben angebraten werden.

Nehmen Sie zum Schluss die Pfanne vom Herd und lassen Sie die Tortilla 5 Minuten darin ruhen, ehe sie auf einem Teller serviert werden kann.

Servieren Sie dieses Gericht entweder heiß und frisch aus der Pfanne oder lassen Sie es etwas abkühlen, um die Tortilla in mundgerechte Stückchen zu schneiden und somit Tapas zu haben. In beiden Zubereitungsarten sind Tortillas das kubanische Lieblingsessen.

Bei diesem Gericht werden Kichererbsen zusammen mit einer kubanischen Soße aus Zwiebelwürfel, grünem Paprika, Knoblauch sowie der klassisch galizischen Gewürzmischung Pimentón und goldenen Safranfäden zubereitet. Servieren Sie eine einfache Salsa aus Avocado und roter Zwiebel, knuspriges Brot sowie einen Meerblick dazu ;-)

Garbanzos (Kichererbseneintopf)

3 EL Olivenöl

1 mittelgroße Zwiebel, in Würfel geschnitten

½ mittelgroße grüne Paprika, fein gehackt

4 Knoblauchzehen, fein gehackt

1 Jalapeño (Chilischote), klein geschnitten

¾ TL Pimentón

¾ TL Kreuzkümmel, gemahlen

10 Kirschtomaten, in Würfel geschnitten

60 ml Rotwein

2 mittelgroße Kartoffeln, geschält und in Würfel geschnitten

2 Selleriestangen, in Würfel geschnitten

1 kleine rote Paprika, in Würfel geschnitten

400 g Kichererbsen aus der Dose, abgetropft und gespült

3 Lorbeerblätter

1 gehäufter EL Oregano, gehackt

350 ml Gemüsebrühe

½ TL Safran

Für die Beilagensalsa

2 große reife Avocados, in Würfel geschnitten

½ kleine rote Zwiebel, in Würfel geschnitten

Limettensaft und Salz nach Geschmack

Sautieren Sie zunächst die Zwiebel mit der grünen Paprika in heißem Olivenöl, bis sie glasig sind. Geben Sie dann den Knoblauch sowie die Jalapeño dazu und braten Sie alles so lange an, bis es weich ist.

Rühren Sie nun den Pimentón und den Kümmel ein, anschließend geben Sie die Kirschtomaten dazu. Sobald die Tomaten anfangen, auseinanderzufallen, geben Sie den Rotwein dazu und lassen das Ganze auf kleiner Flamme so lange ziehen, bis sich der Wein um die Hälfte reduziert hat.

Geben Sie nun die restlichen Zutaten dazu und lassen Sie alles auf kleiner Flamme so lange ziehen, bis das Gemüse schön weich und die Soße dicklich geworden ist. Mit Salz und frisch gemahlenem schwarzem Pfeffer abschmecken.

Vermengen Sie nun noch die Zutaten für die Salsa. Löffeln Sie zum Schluss den Eintopf in Schüsseln und geben Sie die Salsa obenauf.

Ein lebenslustiger Ort – der Mercardo, der Zentralmarkt der Hauptstadt Havanna

Huevos Habaneros: Eier aus Havanna

Für 2 Personen

3 EL Olivenöl
½ mittelgroße rote Zwiebel, fein
    gehackt
½ kleine grüne Paprika, fein
    gehackt
2 Knoblauchzehen, gehackt
½ TL Kreuzkümmel, gemahlen
½ TL Zimt, gemahlen
200 g Flaschentomaten aus der
    Dose, in Stücken

25 g rote Pimientos (typische
    spanische Paprikasorte), in
    Würfel geschnitten
1 EL trockener Sherry oder
    Weißwein
4 mittelgroße Eier
Butter

Zum Garnieren
glatte Petersilie, fein gehackt
Pimentón (geräuchertes
    Paprikapulver)

Dieses Rezept ist für zwei Personen. Multiplizieren Sie einfach die angegebenen Mengen um die Anzahl der hungrigen Münder und backen Sie alles entweder in kleinen Portionen oder in einer großen Form.

Pimientos (eine typische spanische Paprikasorte) kann man auch in Olivenöl eingelegt kaufen.

Heizen Sie zunächst den Ofen auf 190 °C vor.

Sautieren Sie die Zwiebel mit der Paprika und dem Knoblauch in heißem Öl, bis alles weich, aber noch nicht braun ist. Rühren Sie nun erst den Kümmel und den Zimt ein, danach die Tomaten- und Pimientosstückchen sowie den Sherry. Lassen Sie alles auf kleiner Flamme so lange garen, bis sich eine sämige Soße bildet. Mit Salz und Pfeffer abschmecken.

Geben Sie die Soße in eine Auflaufform (ca. 15 cm) oder wahlweise in zwei kleine Formen und schlagen Sie vorsichtig die Eier darüber (sollten Sie sich dabei unwohl fühlen, können Sie die Eier auch zunächst auf einer Untertasse aufschlagen, um sie anschließend auf die Auflaufmasse rutschen zu lassen). Geben Sie noch etwas Salz und Pfeffer sowie ein gutes Stück Butter auf die Eier.

Backen Sie die Huevos für 15 Minuten im vorgeheizten Ofen aus. Dann sollte das Eiweiß Bläschen bilden und alles durch sein. Streuen Sie zum Schluss etwas fein gehackte Petersilie sowie etwas Pimentón darüber und servieren Sie die «Eier aus Havanna» sofort mit einem schönen knusprigen Brot.

Die jüngsten Liberalisierungen in Kuba erlaubten es den Besitzern der Paladares, sich zu vergrößern und auch neue Zutaten wie Salat und Gemüse vorrätig zu haben – und das nicht nur in Havanna, sondern überall auf der Insel. Ein Großteil der «kulinarischen Revolution» konzentriert sich auf Gerichte, die der kubanischen Vorliebe für Fleisch und Fisch Rechnung tragen; beides war zuvor sehr schwer zu bekommen. Dennoch entdeckten wir reichlich vegetarische Köstlichkeiten auf den Speisekarten und bei den Straßenverkäufern.

Moros y Christianos

4 EL Olivenöl

1 große rote Zwiebel, in Würfel
   geschnitten

4 Knoblauchzehen, fein gehackt

1 große rote Paprika, in Würfel
   geschnitten

3 TL Paprikapulver

1 EL Kreuzkümmel, gemahlen

1 großzügiger EL frischer Thymian,
   gehackt

3 Lorbeerblätter

1 TL Chiliflocken

1 EL Tomatenmark

400 g schwarze Bohnen aus der
   Dose, abgetropft und gespült

300 ml Gemüsebrühe

1 ½ EL Rotwein oder Apfelessig

Zum Garnieren

glatte Petersilie, fein gehackt

1 guter Schuss Olivenöl

Zum Anrichten

langkörniger weißer Reis (ungefähr
   350 g, je nach Appetit)

ein einfacher grüner Salat mit
   einigen dünnen Scheiben
   Flaschentomaten, Radieschen,
   Avocado und roter Zwiebel
   sowie einem Dressing aus
   Olivenöl, Limettensaft, Salz und
   Pfeffer.

Kochbananenscheiben, angebraten

Sautieren Sie die Zwiebel mit dem Knoblauch und der roten Paprika in heißem Öl, bis alles weich, aber noch nicht braun ist. Geben Sie das Paprikapulver, den Kümmel, den Thymian, die Lorbeerblätter sowie die Chiliflocken dazu und lassen Sie das Ganze einige Minuten lang ziehen. Rühren Sie anschließend das Tomatenmark ein.

Geben Sie nun die Bohnen dazu und rühren Sie nach und nach die Gemüsebrühe unter. Garen Sie das Ganze auf kleiner Flamme so lange, bis sich die Brühe um die Hälfte reduziert hat. Zerdrücken Sie anschließend die Bohnen so, dass sie auseinanderfallen.

Geben Sie den Rotwein dazu und schmecken Sie alles mit Salz und frisch gemahlenem schwarzen Pfeffer ab. Lassen Sie das Ganze nochmals für einige Minuten auf kleiner Flamme ziehen und servieren Sie dann das Gericht entweder als eine Soße zu Langkornreis oder aber mit Reis durchmischt. Garnieren Sie zum Schluss mit der fein gehackten Petersilie sowie einem guten Schuss Olivenöl. Reichen Sie den einfachen gemischten Salat und auf Wunsch auch angebratene Kochbananenscheiben als Beilage dazu.

Dieses Gericht aus schwarzen Bohnen und weißem Reis, das wörtlich übersetzt «Mauren und Christen» bedeutet, ist noch immer der Klassiker der kubanischen Küche. Die Bohnen und der Reis werden entweder separat (gerne als ineinander liegende Kreise) oder zusammengemischt serviert. Normalerweise serviert man einen einfachen frischen Salat sowie einige gebratene Kochbananenscheiben als Beilage dazu. Sie können dieses Gericht aber auch auf die Art genießen, wie wir es taten, und ein Spiegelei obenauf geben sowie alles mit reichlich köstlichem Mojo (siehe Seite 122) übergießen.

Rechts: **Das «Paladar Museo 1514» in Trinidad – auch dieses Restaurant verströmte ein wunderbar nostalgisches Ambiente**

Vom Erdgeschoss aus sah der Eingang des berühmten «La Guarida» wie das Set eines Katastrophenfilms aus. Auch im ersten Stock änderte sich wenig, eine Gruppe Jungs spielte lautstark mit einem Baseball als improvisiertem Fußball, und Wäsche war zum Trocknen aufgehängt worden. Eine bröckelnde, ehemals kunstvoll verzierte schwungvolle Treppe führte aus der Loggia im italienischen Stil empor zu einer bescheidenen Tür. Hier fanden wir schließlich jenes Schild, das uns bestätigte, den Ort in Havanna gefunden zu haben, in dem man das derzeit angesagteste kulinarische Erlebnis genießen kann – und das stimmte auch.

Direkt hinter der Türe befand sich eines der verführerischsten, vielseitigsten und atmosphärischsten Restaurants der ganzen Welt, in dem eine einnehmende Kombination aus antiken Kolonialmöbeln, englischem Porzellan, venezianischem Glas, katholischen Statuen, Art-déco-Lampen und zeitgenössischer kubanischer Kunst auf Gäste trifft, die mindestens genauso lässig wie das Dekor sind. Und vor allem – das Essen war sensationell. Als wir vor zwanzig Jahren für unser erstes Buch zum ersten Mal nach Kuba kamen, wäre ein solches Statement auf der Insel undenkbar gewesen. Seit damals hat sich eine Menge verändert – aber dankenswerterweise nicht zu viel. Doch was das Essen betrifft, so ist es auf jeden Fall besser geworden.

Lockere Blätterteig-Pastelitos

Ergibt 6 Pastelitos

375 g fertiger Blätterteig

Für das Käse-Picadillo
2 EL Olivenöl
½ mittelgroße rote Zwiebel, in
    Würfel geschnitten
2 Knoblauchzehen, gehackt
50 g Flaschentomaten in Stücken
    aus der Dose
4 Kirschtomaten, in Würfel
    geschnitten

1 EL Rotwein
1 EL Oregano, gehackt
eine Handvoll schwarze Oliven,
    fein gehackt
eine Handvoll Rosinen
25 g Manchego-Käse oder
    wahlweise kräftiger Cheddar,
    geraspelt

Für die süße Glasur
½ TL Honig, in einem TL warmen
    Wassers aufgelöst

Heizen Sie zunächst den Ofen auf 190 °C vor.

Sautieren Sie die Zwiebel und den Knoblauch im heißen Öl so lange, bis sie glasig sind. Geben Sie nun die Tomaten, den Rotwein und den Oregano dazu und garen Sie alles auf kleiner Flamme so lange, bis eine sämige Soße entsteht.

Nehmen Sie nun den Topf vom Herd und rühren Sie die Oliven, die Rosinen sowie den Käse unter. Mit Salz und Pfeffer abschmecken.

Schneiden Sie 12 gleich große Quadrate aus dem Blätterteig (ungefähr 8 cm groß). Geben Sie jeweils einen guten Esslöffel des Picadillo mittig auf die Hälfte der 6 Teigquadrate. Befeuchten Sie die Kanten der Quadrate mit etwas Wasser und legen Sie dann die restlichen Quadrate auf die mit dem Picadillo befüllten. Drücken Sie die Kanten mit einer Gabel fest aneinander. Bepinseln Sie anschließend den Deckel mit der süßen Glasur.

Geben Sie die Pastelitos auf einem Backblech mit Antihaftbeschichtung oder Backpapier in den vorgeheizten Ofen und backen Sie sie für 15 Minuten aus. Nun sollten die Teigtaschen aufgegangen, goldbraun und fertig sein.

Luftige Blätterteigtaschen, die mit unterschiedlichen pikanten oder süßen Füllungen angeboten werden, sind klassisches kubanisches Street Food. Eine beliebte Variante zum Mittagessen sind Käse-Picadillos, für den süßen Gaumen auch in der Version mit Guaven-marmelade und Frischkäse erhältlich. Welche Füllung auch immer gewählt wird, eine süße Glasur bekommen sie alle.

Kaufen Sie am besten fertigen Blätterteig, um es sich etwas einfacher zu machen.

Wenn Sie süße Pastelitos machen möchten, ersetzen Sie den Picadillo im Rezept durch eine Mixtur aus einem kleinen Esslöffel Frischkäse, etwas Honig sowie einem Teelöffel Fruchtkonfitüre, Orangenmarmelade oder eingekochten Früchten.

Paella mit Schuss! Dieser Paella-Reis wird mit Bier und Safran gekocht, um einen authentischen kubanischen Geschmack zu erhalten.

Servieren Sie dieses Gericht mit reichlich geraspeltem Manchego-Käse sowie Olivenöl und Chiliflocken und dazu als Beilage gedünsteten Brokkoli, Spargel oder Spinat mit Mojo-Soße (siehe Seite 132).

Sowohl Artischocken-herzen als auch Pimiento können in Olivenöl eingelegt gekauft werden.

Luftige Blätterteig-Pastelitos – ein klassischer kubanisches Imbiss

Safranreis mit Artischocken aus Trinidad

5 EL Olivenöl
1 mittelgroße Zwiebel, in Würfel geschnitten
1 kleine grüne Paprika, in Würfel geschnitten
1 kleine rote Paprika, in Würfel geschnitten
4 Knoblauchzehen, fein gehackt
½ bis 1 TL Chiliflocken
1 gestrichener TL Pimentón (geräuchertes Paprikapulver)
2 Flaschentomaten, in Würfel geschnitten
2 Karotten, in Würfel geschnitten
300 g Paella-Reis, wahlweise langkörniger weißer Reis
500 ml helles Bier
250 ml Gemüsebrühe
½ TL Safran

4 Lorbeerblätter
½ TL getrockneter Oregano
eine Handvoll glatte Petersilie, fein gehackt
100 g tief gefrorene Erbsen
eine Dose (400 g) weiße Bohnen, abgetropft und klargespült
6 eingelegte Artischockenherzen, geviertelt
50 g entkernte schwarze Oliven, halbiert
50 g rote Pimientos, klein geschnitten

Zum Garnieren
ein guter Schuss Olivenöl
Manchego oder Parmesan, geraspelt
Petersilie, fein gehackt
Chiliflocken

Erhitzen Sie zunächst das Olivenöl in einer Kasserolle. Sautieren Sie darin die Zwiebel mit der Paprika sowie dem Knoblauch, bis alles weich ist.

Rühren Sie anschließend erst die Chiliflocken sowie den Pimentón unter und dann die Flaschentomaten und die Karotten.

Geben Sie nun den Reis dazu und verrühren Sie diesen gut mit der Zwiebel-Paprika-Mixtur. Geben Sie anschließend das Bier, die Gemüsebrühe, den Safran, die Lorbeerblätter, den Oregano sowie die Petersilie dazu und lassen Sie alles bei geschlossenem Deckel auf kleiner Flamme so lange köcheln, bis der Reis beinahe gar ist und sich die Flüssigkeit reduziert hat (dabei von Zeit zu Zeit umrühren, um ein Anbrennen zu verhindern).

Rühren Sie nun die Erbsen, Bohnen, Artischockenherzen, schwarzen Oliven und die Pimientos unter. Schmecken Sie mit Salz und Pfeffer ab und lassen Sie alles anschließend noch etwas auf kleiner Flamme ziehen.

Verfeinern Sie zum Schluss das Gericht mit einem guten Schuss Olivenöl, etwas geraspeltem Käse, der Petersilie und einigen Chiliflocken.

Mojo-Soße

180 ml Orangensaft von Sevilla-
    Orangen (etwas bitter-sauerer
    als gewöhnlicher Orangensaft)
    oder wahlweise 120 ml
    Orangensaft, 30 ml Limettensaft
    und 30 ml Zitronensaft
1 gestrichener TL Meeressalz
½ TL schwarzer Pfeffer, grob
    gemahlen

½ TL Kreuzkümmel, gemahlen
½ kleine Zwiebel, sehr fein
    gehackt (optional)
60 ml Olivenöl
8 Knoblauchzehen, gehackt
Oregano, gehackt (optional)
Koriander, gehackt (optional)

Mischen Sie zunächst die Zitrussäfte mit dem Salz, dem schwarzen Pfeffer und dem Kümmel sowie, für eine etwas sämigere Soße, der halben kleinen Zwiebel.

Erhitzen Sie nun das Olivenöl in einem kleinen Topf und sautieren Sie darin den Knoblauch für ein paar Minuten, bis dieser weich, aber noch nicht braun ist.

Nehmen Sie den Topf vom Herd und lassen Sie das Ganze einige Minuten lang abkühlen. Gießen Sie dann den Zitrusmix über den Knoblauch (Vorsicht, es kann spritzen!). Geben Sie den Topf wieder zurück auf den Herd und kochen Sie alles einmal auf. Anschließend das Ganze nochmals von der Flamme nehmen und etwas abkühlen lassen. Wenn Sie mögen, können Sie nun die optional angegebenen Kräuter zugeben.

Die Mojo-Soße lässt sich gut einige Tage lang in einem luftdichten Behältnis im Kühlschrank aufbewahren.

Salat aus Rote Bete, Kürbis und Avocado mit Mojo-Soße

Legen Sie einige Scheiben eingekochter Rote Bete (achten Sie darauf, dass diese naturbelassen sind und kein Essig zugegeben wurde), Kürbis oder wahlweise weichgekochter Süßkartoffel sowie Avocado mit einigen Trauben auf ein Bett grob zerkleinerten Romagna-Salats. Geben Sie danach einige klein geschnittene Zwiebelstücke obenauf und schmecken Sie alles mit der Mojo-Soße ab. Garnieren Sie abschließend mit gehacktem frischen Koriander.

Die ursprünglich von den Kanarischen Inseln stammende Mojo-Soße ist eine der vielseitig einsetzbarsten Spezialitäten Kubas. Sie verleiht schwarzen Bohnen oder gekochtem Maniok Würze, kann als Marinade verwendet werden und ist der perfekte Dip für Malanga-Fritten oder kubanische Sandwiches.
Es gibt eine Vielzahl an Rezepten für Mojo, die oft davon abhängen, für was die Soße an diesem Tag gebraucht wird. Die essenziellen Zutaten aber sind immer kubanische bittere Sevilla-Orangen, Knoblauch, etwas Kreuzkümmel, schwarzer Pfeffer und Salz. Für vegetarische Gerichte ist auch Olivenöl eine wichtige Zutat, genau wie fein gehackte Zwiebeln für einen Dip oder als Würze. Auch frischer gehackter Oregano und Koriander verleihen der Soße etwas Köstliches.

Sollte gerade keine Saison für Sevilla-Orangen sein, können Sie auch einfach gewöhnlichen Orangensaft mit Zitronen- und Limettensaft mischen.

So farbenfroh wie die Oldtimer auf Kubas Straßen, so ideenreich sind auch die Straßenstände und kleinen Läden, die ihre Köstlichkeiten anbieten

OFERTA de HOY

Pizza de Queso $6.00	Pizza de Queso $30.00
Pizza de Jamón $10.00	Pizza c/Jamón $50.00
Pizza Domicilio	Pizza de Chorizo $45.00

Pizza

Batidos sabores de HOY

Guayaba $3.00

Mango $3.00

PAN CON MINUTA $5.00

Faule Tage am Mekong

Seiten 134 – 135: **Buddhastatue im Wat Si Saket in Vientiane |** *Oben:* **Die Aussicht vom Phu Si-Hügel in Luang Prabang im Norden von Laos**

Jeden Morgen ziehen kurz vor Sonnenaufgang junge, in safranfarbene Roben gekleidete Mönchsnovizen in geordneter Reihe barfuß durch Luang Prabang. Mit ihren Almosenschüsseln sammeln sie so das Essen für den Tag. In den schwach erleuchteten Straßen der Stadt reihen sich die spendenbereiten Bewohner kniend und ehrfürchtig aneinander, um in diesem zeitlosen Ritual buddhistischer Aufopferung etwas «morgendliches Seelenheil» zu erlangen.

Laut Tradition dürfen diese jungen Mönche nur das essen, was sie während dieses morgendlichen Rituals erhalten haben – auch darum spenden die Menschen großzügig. Die Szenerie war wirklich spektakulär und lohnte den frühen Beginn des Tages, auch wenn im Laufe des Vormittags ganze Horden von Touristen dazukamen und das Schauspiel immer mehr zu einer Art «Mönchssafari» verkam.

Da wir nun schon zur kühlsten Tageszeit wach waren, entschieden wir uns dazu, den nahe der Stadt gelegenen monolithischen Berg Phu Si zu besteigen. Vom Gipfel aus konnten wir Stupas (typisch buddhistische Rundgebäude) sehen, die aus dem sich in alle Richtungen ausbreitenden nebligen Monsunwald herausragten, und es eröffnete sich uns der Blick auf den mächtigen Mekong, der sich gen Süden bis zur kambodschanischen Grenze schlängelte – genau entlang der uns bevorstehenden Reiseroute.

In Vientiane aßen wir Laab aus Tofu mit pikanten Salaten aus Papaya und Klebreis zu Abend und tranken in einem Café am Mekong Beerlao, während die Sonne auf der anderen Seite des Flusses in Thailand unterging. Wir folgten dem Fluss südwärts bis nach Pakse, der Hauptstadt der Provinz Champasak und drittgrößten Stadt von Laos. Sie bildete unser Eingangstor in die verschiedenen Landschaften des südlichen Laos. Der erste Halt war das Bolaven-Plateau, eine höher gelegene Urwaldregion, in der sich Kaffeeplantagen und hellgrüne Reisfelder mit in Schlammgruben suhlenden Büffeln, Arbeitselefanten, Wasserfällen und Stammesdörfern voll fröhlich lächelnder Kinder abwechselten, die den Veränderungen der Zeit enthoben schienen.

Ein Vorteil, diese Gegend während des Monsuns zu bereisen, waren die spektakulären Wasserfälle; der Nachteil war das hohe Risiko an starken Regengüssen. Während wir auf unseren Abstechern zu den in den Bergen beheimateten Stämmen der Katu und der Alak mit einem blauen Himmel und viel Sonne gesegnet wurden, verließ uns unser Glück in der Region Si Pham Don. Dieser Name bedeutet «viertausend Inseln» und bezeichnet jenen Abschnitt des Mekong, an dem dieser am breitesten ist und sich in ein Inland-Delta verzweigt, wodurch Tausende Inseln voll üppiger Urwaldpracht sowie unzählige Stromschnellen entstehen. Abgesehen vom Regen machten wir auf unserer Reise mit einer Mixtur aus Fähren, Booten und Fahrrädern von Champasak zur kambodschanischen Grenze einige wundervolle Erfahrungen. Und in Wat Phu sahen wir die Ruinen der Angkor-era-Khmertempel, die an Atmosphäre den bekannteren Anlagen in Kambodscha in nichts nachstehen.

Das Essen in Laos

In Laos wird jede Mahlzeit als soziales Ereignis betrachtet. Das alte Sprichwort: «Eine gemeinsam verspeiste Mahlzeit schmeckt gut, eine allein verspeiste schmeckt schlecht» ist den meisten Laoten auch heute noch wichtig. Die Tische der Cafés und Essensstände werden immer mit anderen geteilt – und jedes Abendessen wird als perfekter Vorwand dafür genutzt, zusammenzukommen und zu feiern. Sobald jeder reichlich Lau Lau, einen Reiswhisky, getrunken hat, werden die alten Balladen angestimmt.

Die Laoten leben von dem, was das Land ihnen schenkt, und verwenden möglich saisonale und frische Produkte, von Pilzen und Farnen bis hin zu Wild und Honig. Die Märkte spiegeln all das perfekt wider: Sobald beispielsweise die Reisfelder in der Regenzeit voll quakender Frösche sind, werden diese zum meistverkauften Lebensmittel. Nichts wird verschwendet: Ameiseneier, Eidechsen und allerlei Insekten sind ein alltäglicher Anblick. Sie werden Seite an Seite mit dem sogenannten «MNG» (Glutamat) in Päckchen verkauft; dieser Geschmacksverstärker wird in Laos beinahe wie Salz verwendet. Wir lernten bald, Gerichte ohne Würze zu bestellen, und ebenso, ein «No Pa Dak, please» bei den Bestellungen zu sagen, da Pa Dak eine kräftige einheimische Fischsoße ist.

Glücklicherweise gibt es aber eine Unmenge an saisonalem Gemüse. In der Regenzeit gedeihen vor allem Mais, Pilze und Bambussprossen. Außerdem gibt es grüne Papayas, Auberginen und Langbohnen im Überfluss. Die einheimische Galgant-Wurzel (auch Thai-Ingwer genannt), Zitronengras, Chili und Knoblauch werden im Mörser zu einer Speisewürze verrieben, die dann mit den säuerlicheren Geschmacksnuancen von Tamarinde, Limettensaft und Zitronenblättern kombiniert wird.

Zu den meisten Gerichten wird Klebreis in unterschiedlichen Varianten gereicht: einfach gedünstet, zu knusprigen Reisbällchen verarbeitet, angeröstet und gemahlen oder als eine Art cremig-süßer Milchreis, der mit Kokosmilch und Palmzucker zubereitet wird.

Gekocht wird in der Regel noch immer in Tongefäßen über einem Kohlefeuer, wobei das Feuer dem Essen ein köstliches Raucharoma verleiht. Sobald alle Gerichte fertig zubereitet sind, werden sie gleichzeitig serviert. Für die Menschen in Laos kann das Essen nicht heiß und frisch genug sein – und so wird alles sofort gegessen. Ein unerlässlicher Bestandteil jedes Essens sind frische Kräuter und herrlich pikante Rohkostsalate.

Die Zubereitung der Speisen nimmt bei buddhistischen Festen und Zeremonien eine sehr wichtige Rolle ein, und so spielt sich überall in Laos jeden Tag aufs Neue das frühmorgendliche Ritual des Almosenerbittens und -gebens ab.

Im Uhrzeigersinn von links oben: In diesem Kessel wird grüner Tee aufgebrüht; ein typischer Stand mit Street Food in Luang Prabang; ein Mädchen beim Farnsammeln am Bolaven-Plateau; Stände auf dem Markt von Pakse in Champasak   139

Tofu-Laab

3 EL Sonnenblumenöl

5 Knoblauchzehen, klein geschnitten

4 Frühlingszwiebeln, klein geschnitten

500 g fester Tofu, wie Hackfleisch verarbeitet

6 EL Gemüsebrühe

1 EL milde Sojasoße

Das Gemüse

250 g zarte grüne Bohnen, klein geschnitten

6 Zitronenblätter, klein geschnitten

2 Frühlingszwiebeln, klein geschnitten

5 Schalotten, klein geschnitten

5 Stangen Zitronengras, klein geschnitten

eine gute Handvoll Koriander, gehackt

Für das Dressing

2 scharfe rote Chilischoten, klein geschnitten

3 EL milde Sojasoße

Saft von 2 Limetten

Zum Anrichten

ein großer Bund Rucola

3 EL Klebreispulver

eine gute Handvoll Minze

½ Gurke, geschält und klein geschnitten

Erhitzen Sie zuerst das Öl in einem Wok. Geben Sie den Knoblauch sowie die Frühlingszwiebeln dazu und braten Sie alles goldbraun an. Rühren Sie nun den zerkleinerten Tofu unter und braten Sie auch diesen braun an.

Löschen Sie das Ganze anschließend mit der Brühe und der Sojasoße ab und lassen Sie alles auf kleiner Flamme so lange köcheln, bis sich die Brühe reduziert hat. Geben Sie nun das fertige Laab in eine Schüssel. Mischen Sie es dort mit dem Gemüse und dem Dressing, für das Sie einfach alle dafür vorgesehenen Zutaten miteinander vermengen.

Legen Sie einen großen Teller mit Rucola aus und geben Sie eine Portion Tofu-Laab darauf. Streuen Sie schließlich etwas geröstetes Reispulver darüber und garnieren Sie alles mit frischer Minze. Dekorieren Sie zum Schluss den Tellerrand mit den Gurkenscheiben.

Laab ist ein klassisches laotisches Gericht und wird meist mit Klebreis, der von Hand zu kleinen Bällchen gerollt wird, die in ein Dressing getunkt werden, serviert. Der zerbröckelte Tofu wird dafür mit Knoblauch angebraten und dann mit Zitronengras, angeröstetem Klebreispulver, Kräutern sowie einem pikanten Limettendressing gemischt. Oft werden einem Laab auch zerkleinerte Bananenblüten zugegeben, doch diese Zutat ist recht schwer zu bekommen – grüne Bohnen tun es aber gegebenenfalls auch.

In Asia-Läden kann man zwar fertig gemahlenes und angeröstetes Klebreispulver kaufen, man kann es aber auch recht einfach selbst machen: Braten Sie dafür zuerst etwas rohen Klebreis in einer Pfanne goldbraun an und mahlen Sie diesen anschließend entweder in einer Kaffeemühle oder in einem Mörser zu Pulver – fertig!

Der imposante Wasserfall nahe unserer Blockhütte in Tat Lo

Die Leibspeise unseres Fahrers – und definitiv einen Halt wert!

Avocado-Shake

Menge für zwei ausgehungerte Personen

2 kleine reife Avocados
2 Kugeln Vanilleeis

250 ml kaltes Wasser
Honig nach Geschmack
Eiswürfel zum Servieren

Halbieren Sie die Avocados und entfernen Sie die Steine. Löffeln Sie dann das Fleisch zusammen mit den restlichen Zutaten in einen Mixer und zerkleinern Sie alles gut. Füllen Sie zum Schluss den dickflüssigen Shake in hohe Gläser mit Eiswürfeln.

In Tat Lo auf dem Bolaven-Plateau übernachteten wir in einfachen Blockhütten, die derart nah an einen Wasserfall gebaut waren, dass wir ihn von unserem Balkon aus fast berühren konnten. Dieser Ort wurde für die nächsten Tage unser Zuhause. Der Koch der Anlage scheute keine Mühen, uns mit vegetarischen Spielarten der lokalen Gerichte zu versorgen. Wir konnten ohne Probleme einfach stundenlang auf unserem Balkon sitzen und uns durch den Wasserfall regelrecht hypnotisieren lassen. Gelegentlich tauchte ein Fischer auf, der durch die Stromschnellen watete und sein mit Gewichten beschwertes Netz ins Wasser schleuderte, um wenig später bereits seinen Fang wieder einzuholen. Lachende Kinder schwammen in einem etwas ruhigeren Becken, während die Frauen beim Wäschewaschen den neuesten Klatsch und Tratsch austauschten.

Auf dem Weg zum Bolaven-Plateau hielten wir für das Mittagessen in einem Dorf, das unser Fahrer «Barbecue-Dorf» nannte. Seine Lage an einem Bahnübergang garantierte Kunden, die sich nicht lange aufhielten. Schnelle Speisen vom Grill boten sich daher an. Unser Fahrer wählte sein Lieblingscafé aus und bestellte dort gegrillte Auberginen mit einem pikanten Tomaten-Dip und Klebreis.

Die Auberginen und die Paprika können entweder klassisch gegrillt oder auch auf dem Herd angebraten werden. Mixen Sie aus allem, was übrig bleibt, einen pikanten Dip.

Dieser pikante Tomaten-Dip passt hervorragend zu jedem Grillgericht, schmeckt aber auch vorzüglich mit Klebreiskuchen.

Bereiten Sie die Tomaten mit den Chilischoten, den Schalotten und dem Knoblauch auf dem Grill zu, sofern Sie einen besitzen. Alternativ kann auch eine Grillplatte für den Herd verwendet werden.

Gegrillte rote Paprika und Aubergine aus Bolaven

2 mittelgroße Auberginen, der Länge nach in Streifen geschnitten

2 große rote Paprika, in dicke Streifen geschnitten

Für das Dressing
3 EL milde Sojasoße
Saft von 2 Limetten
2 TL Honig

Zum Garnieren
4 Frühlingszwiebeln, klein geschnitten

2 scharfe rote Chilischoten, in dünne Streifen geschnitten
eine Handvoll frisches Basilikum
eine Handvoll Koriander

Bepinseln Sie zuerst die Auberginen und die Paprikas mit etwas Öl. Grillen Sie das Gemüse anschließend so lange, bis es weich ist. Schneiden Sie dann die Auberginen in Streifen, die genauso dick wie die Paprikastreifen sein sollten.

Verquirlen Sie nun für das Dressing die Sojasoße, den Limettensaft sowie den Honig miteinander. Mischen Sie das Dressing vorsichtig mit den Auberginen und der Paprika und richten Sie das Ganze anschließend stapelförmig auf einer Servierplatte an.

Garnieren Sie zum Schluss mit den Frühlingszwiebeln, dem Chili sowie den Kräutern und servieren Sie das Gericht warm.

Pikanter Tomaten-Dip

Ergibt ca. 250 ml

250 g Kirschtomaten
4 scharfe rote Chilischoten (oder nach Geschmack)

6 Knoblauchzehen
½ rote Paprika
2 Schalotten, halbiert
eine Handvoll Koriander
2 EL Sojasoße

Grillen Sie die Tomaten mit den Chilischoten, dem Knoblauch, der roten Paprika sowie den Schalotten, bis alles weich ist.

Lassen Sie das Ganze etwas abkühlen und zerkleinern Sie es anschließend zusammen mit der Sojasoße und dem Koriander in einem Mixer, sodass ein Dip mit Stückchen entsteht.

Luang Prabang-Frühstück

Für 2 Personen

4 mittelgroße Eier
etwas Butter
1 knapper EL milde Sojasoße
1 kräftige Prise schwarzer Pfeffer
3 Frühlingszwiebeln, sehr klein
   geschnitten

½ TL Szechuan-Pfeffer, gemahlen
1 scharfe rote Chilischote
   (optional), klein geschnitten,
   zum Garnieren

Zum Anrichten
Baguette
Kondensmilch nach Geschmack

Verquirlen Sie zunächst die Eier mit der Sojasoße, dem schwarzen Pfeffer sowie einer Prise Salz.

Schmelzen Sie die Butter in einer Pfanne und braten Sie darin die Frühlingszwiebeln mit dem Szechuan-Pfeffer für ungefähr eine Minute an. Geben Sie nun die verquirlten Eier dazu. Verrühren Sie anschließend alles mit einem Holzlöffel so, dass eine Rühreimasse entsteht. Nehmen Sie diese, sobald sie stockt, vom Herd.

Garnieren Sie das Gericht mit etwas Chili und servieren Sie es sofort. Reichen Sie, wenn Sie mögen, etwas mit Butter bestrichenes warmes Baguette dazu. Träufeln Sie schließlich, für ein wahrhaft laotisches Erlebnis, etwas Kondensmilch über das warme Baguette.

Nach unseren frühmorgendlichen Erkundungstouren in die Stadt kehrten wir in unser Hotel zurück und waren mehr als bereit für ein Frühstück. Baguette ist, ursprünglich von den Franzosen mitgebracht, mittlerweile ein Grundbestandteil eines laotischen Frühstücks. Wir bestellten Rührei nach Laos-Art, süßen laotischen Kaffee und den einheimischen Frühstückssnack: warmes Baguette, das der Länge nach in Hälften gebrochen und mit Kondensmilch beträufelt wird.

Links: **Der Khmertempel Wat Phu am Fuße des Berges Lingamparvata**

Die Märkte in Laos öffnen sehr früh am Morgen — und da wir nichts verpassen wollten, quälten wir uns aus unseren Betten, während es draußen noch immer dunkel war. Das Ganze war es aber spätestens dann wert, als wir an unserem Lieblingsmarktstand ankamen, der süße Kokosnuss-Honig-Pfannkuchen verkaufte. Das benötigte Reis- und auch Klebreismehl ist in Asia- und gut sortierten Lebensmittelläden erhältlich.

Rechts: **Eine Köstlichkeit: Pfannkuchen mit gerösteter Kokosnuss und Honig**

Pfannkuchen mit gerösteter Kokosnuss und Honig

Ergibt ca. 16 Pfannkuchen

2 große Eier
250 ml Kokosmilch
1 EL flüssiger Honig
80 g Reismehl
40 g Klebreismehl
1 Prise Salz

½ TL Backpulver
Öl zum Ausbraten

Zum Anrichten
eine Handvoll Kokosraspeln, die in einer Pfanne goldbraun angeröstet werden
flüssiger Honig

Verquirlen Sie zuerst die Eier mit der Kokosmilch, dem Honig und 50 ml kaltem Wasser.

Vermengen Sie nun die beiden Reismehle, das Salz sowie das Backpulver in einer Schüssel. Drücken Sie eine Vertiefung in die Mitte und rühren Sie die Kokosmilch-Mixtur in diese ein. Anschließend das Ganze so lange gut verrühren, dass ein sämiger Pfannkuchenteig entsteht. Lassen Sie diesen für 10 Minuten ruhen.

Erhitzen Sie etwas Öl in einer kleinen Pfanne mit Antihaftbeschichtung. Geben Sie anschließend gerade so viel Teig in die Pfanne, dass der Boden komplett bedeckt ist. Braten Sie den Pfannkuchen von beiden Seiten goldbraun an.

Bestreuen Sie jeden Pfannkuchen mit den angerösteten Kokosraspeln und träufeln Sie noch etwas Honig darüber.

Zum Schluss den Pfannkuchen rollen und sofort noch heiß genießen.

Feu Khua (Gebratene Reisnudeln)

450 g glatte Reisnudeln
Sonnenblumenöl zum Braten
3 große Eier, verquirlt
1 mittelgroße rote Zwiebel, klein
    geschnitten
2 scharfe rote Chilischoten, klein
    geschnitten
4 Knoblauchzehen, gehackt
250 g Austernpilze, klein
    geschnitten
350 g verschiedene asiatische
    Gemüse nach Wunsch
175 g Bambussprossen aus der
    Dose in Stücken, abgetropft und
    mit kaltem Wasser gespült

10 Kirschtomaten, geviertelt
4 EL vegetarische Austernsoße
1 EL milde Sojasoße
1 TL Honig
2 TL Stärkemehl, mit etwas Wasser
    zu einer dünnen Paste vermengt
½ TL weißer Pfeffer, gemahlen

Zum Garnieren
eine Handvoll Koriander, gehackt
eine gute Handvoll Bohnensprossen
etwas milde Sojasoße, die mit
    gehackten Chilischoten
    verfeinert ist (nach Geschmack)

Bereiten Sie zuerst die Nudeln wie auf der Verpackung angegeben zu und gießen Sie anschließend das Wasser ab.

Erhitzen Sie 3 EL Sonnenblumenöl in einem Wok und braten Sie darin die Nudeln unter stetem Rühren einige Minuten an. Geben Sie anschließend die Eier dazu und rühren Sie weiter, bis die Eier stocken. Nehmen Sie das Ganze aus dem Wok und stellen Sie es zur Seite.

Erhitzen Sie nochmals 2 EL Sonnenblumenöl im Wok. Braten Sie darin die Zwiebel mit dem Chili und dem Knoblauch unter stetem Rühren weich. Geben Sie anschließend die Pilze, das Gemüse, die Bambussprossen sowie 100 ml Wasser dazu und lassen Sie alles so lange ziehen, bis das Gemüse weich wird.

Geben Sie nun die Kirschtomaten, die Austern- sowie die Sojasoße, den Honig, die Stärkemehlpaste und den Pfeffer dazu und lassen Sie alles auf kleiner Flamme so lange köcheln, bis die Soße sämig ist.

Füllen Sie nun die Nudeln zurück in den Wok und braten Sie das Ganze nochmals unter stetem Rühren an, sodass alles gut miteinander vermischt und siedend heiß ist. Servieren Sie das Gericht sofort und garnieren Sie es mit dem gehackten Koriander und den Bohnensprossen. Schmecken Sie zum Schluss mit der Chili-Soja-Soße ab.

In der Nacht des Vollmondfestivals im Tempel Wat Phuang Kaew entdeckten wir einen improvisierten Essensstand, der mit Ei, Austernpilzen und chinesischem Spinat angebratene Reisnudeln verkaufte.

Ein Feu Khua kann mit jeder Art asiatischem Gemüse wie beispielsweise Choi Sum oder chinesischem Brokkoli zubereitet werden. Auch Mangold, Spinat oder gar violetter Brokkoli stellen schmackhafte Alternativen dar.

In den Bergdörfern scheint die Zeit still zu stehen, nicht aber der Opiumkonsum

Erdnusssoße vom Mekong

Ergibt ca. 500 ml

1 EL Sonnenblumenöl
3 Knoblauchzehen, gehackt
3 Schalotten, fein gewürfelt
ein 2 cm langes Stück Galgant
   (Thai-Ingwer), geschält und
   geraspelt
½ TL Chiliflocken (optional)
1 TL Paprikapulver
100 g Erdnüsse, naturbelassen
   und gemahlen

1 EL rote Curry-Paste
5 Kirschtomaten, in Würfel
   geschnitten
250 ml Kokosmilch
1 TL Honig
2 EL milde Sojasoße
2 Stangen Zitronengras, mit einem
   Nudelholz zerdrückt
2 Zitronenblätter
2 EL Limettensaft

Erhitzen Sie zunächst das Öl in einem Wok und braten Sie darin den Knoblauch und die Schalotten weich. Geben Sie anschließend den Galgant, die Chiliflocken, das Paprikapulver sowie die gemahlenen Erdnüsse dazu. Braten Sie alles für einige Minuten unter stetem Rühren weiter.

Rühren Sie nun zuerst die rote Curry-Paste, dann die Tomaten ein. Geben Sie schließlich alle restlichen Zutaten dazu und lassen Sie das Ganze für 10 Minuten auf kleiner Flamme so lange ziehen, bis die Soße sämig ist. Rühren Sie dabei immer wieder um, um ein Anbrennen zu verhindern.

Entfernen Sie vor dem Servieren das Zitronengras und die Zitronenblätter.

Gedämpftes Gemüse mit Erdnusssoße

Für 2 Personen

75 g Bambussprossen aus der Dose,
   ganz, abgetropft und gut gespült
4 Shiitakepilze, geviertelt

150 g zarte grüne Bohnen, geputzt
2 kleine Köpfe Pak Choi, in ganzen
   Blättern, am Stiel eingeschnitten
Erdnusssoße nach Geschmack

Dämpfen Sie das Gemüse al dente.

Erhitzen Sie anschließend die Erdnusssoße in einem Wok und geben Sie dann das gedämpfte Gemüse dazu. Vermischen Sie alles gut.

Als wir an der Anlegestelle der Fähre, die den Mekong überquert, ankamen, legte diese gerade ab. Um der Verzögerung etwas Gutes abzugewinnen, entschieden wir uns dazu, die Essensstände auf der Suche nach einem schnellen Mittagsimbiss abzusuchen. Wir bestellten schließlich gedämpfte Bambussprossen, grüne Bohnen, Shiitakepilze und Pak Choi mit einer Soße aus Erdnüssen, Galgant, Zitronengras, Tomaten und Kokosmilch.

Diese «Erdnusssoße vom Mekong» ist unglaublich vielseitig einsetzbar. Sie wird auch zum Verfeinern von Maiskolben verwendet, als Soße zu Reisnudeln gegessen oder einfach als Dip gereicht.

Die im Rezept verwendete rote Curry-Paste kann fertig in gut sortierten Lebensmittelgeschäften oder Asia-Läden gekauft werden. Achten Sie aber darauf, dass die Paste keine Fischsoße enthält, wenn Sie es wirklich vegetarisch wünschen.

Sie können für das nebenstehende Rezept beinahe jede Art von Gemüse verwenden – in der hier beschriebenen Kombination durften wir das Gericht in Laos genießen.

Im Uhrzeigersinn von rechts: **Junge Mönche sammeln die morgendlichen Almosen in Tat Lo; die Anlage Wat Si Saket in Vientiane; im Innern der Stupa Pha That Luang in Vientiane; wie an einer langen Schnur ziehen die Mönche durch die Straßen von Luang Prabang und empfangen die Gaben**

In jedem Dorf in Si Pham Don gibt es buddhistische Tempel voller Leben. Eines späten Abends flanierten wir nach dem Abendessen am Mekong entlang und kehrten schließlich über das Wat Phuang Kaew mit seiner riesigen sitzenden goldenen Buddhafigur in unsere Unterkunft zurück. Plötzlich bemerkten wir eine Bewegung und hatten einen magischen Anblick vor Augen: Vier junge Mönche schliefen in den Armen des Buddhas im Licht des Vollmondes.

Klebreis

Für ein bestmögliches Ergebnis sollten Sie den Klebreis in einem Messgefäß abmessen. Die durchschnittliche Menge für vier Personen (oder für drei sehr Hungrige) sind 250 ml Klebreis. Die generelle Regel lautet dabei, dass auf den Reis die gleiche Menge Wasser kommen soll, d.h. auf 250 ml Reis kommen 250 ml kaltes Wasser (beim japanischen Reis ist das Verhältnis etwas anders; wenn Sie diese Form bevorzugen, finden Sie die Anleitung auf Seite 108).

Spülen Sie zunächst den Reis unter Wasser gut ab. Geben Sie ihn dann in einen Topf und füllen Sie die entsprechende Menge kaltes Wasser dazu.

Kochen Sie das Ganze einmal auf und schließen Sie dann den Deckel. Reduzieren Sie die Hitze und garen Sie den Reis auf kleiner Flamme für 10 Minuten. Nehmen Sie ihn anschließend vom Herd. Der Deckel sollte jedoch für weitere 10 Minuten geschlossen bleiben, ehe Sie schließlich den Reis mit einer Gabel etwas auflockern können. Bedenken Sie aber, dass das Ganze Klebreis ist, die Körnchen also zusammenkleben sollen.

Der Klebreis wird am Tisch in geflochtenen Körben mit Deckeln serviert, mit den Händen zu kleinen Bällchen geformt und anschließend in die verschiedenen anderen Gerichte getunkt. Ist das Essen beendet, gilt es als schlechtes Omen, wenn der Korb nicht wieder mit dem Deckel verschlossen wird.

In Laos wird der Reis über Nacht eingeweicht und dann gedünstet, zu Hause verwenden wir aber die beschriebene, wesentlich einfachere Methode.

Die Reisreste können gut in einem Plastikbeutel im Kühlschrank aufbewahrt und später für knusprige Reiskuchen verwendet werden.

Am Ufer des mächtigen Mekong sahen wir in einem Café dabei zu, wie unser Abendessen aus knusprigen Reiskuchen und Salat zubereitet wurde. Dafür wurde etwas Klebreis mit Kokosmilch, Kokosraspeln und Curry-Paste gemischt und zu kleinen Törtchen geformt, ehe das Ganze knusprig ausgebraten und mit einem einfachen Brunnenkressesalat mit einem Dressing aus Chili, Sojasoße, Limette, Honig und einer pikanten Tomatensoße serviert wurde.

Dieses Essen ist eine hervorragende Art und Weise, übrig gebliebenen Klebreis zu verarbeiten. Die rote Curry-Paste ist in gut sortierten Lebensmittelgeschäften und Asia-Läden erhältlich – stellen Sie aber sicher, dass Sie die vegetarische Version und nicht jene mit Fisch erwischen.

In den Dörfern lächelten uns fröhliche Kindergesichter entgegen

Knusprige Reiskuchen

Ergibt ca. 18 Reiskuchen

60 ml Kokoscreme oder dickliche Kokosmilch
1 EL rote Curry-Paste
25 g Kokosflocken
1 TL Honig

1 Schuss milde Sojasoße
450 g gekochter Klebreis (entspricht ungefähr einer Tasse ungekochtem Reis)
1 Ei, verquirlt
Öl zum Ausbraten

Mischen Sie zuerst die Kokoscreme mit der roten Curry-Paste, den Kokosflocken, dem Honig und der Sojasoße und vermengen Sie dann die Masse mit dem vorgekochten Klebreis. Rollen Sie anschließend kleine Bällchen (Golfballgröße) und drücken Sie diese etwas flach, sodass kleine Küchlein entstehen.

Bestreichen Sie jedes Küchlein mit dem verquirlten Ei und bestäuben Sie es mit etwas Speisestärke. Braten Sie dann die Küchlein goldbraun und knusprig aus.

Reichen Sie den unten beschriebenen Salat sowie eine pikante Tomatensoße dazu.

Zubereitung des Salats: Mischen Sie zunächst etwas Brunnenkresse mit Minze, Kirschtomaten, Gurken und klein geschnittenen Frühlingszwiebeln. Machen Sie diesen Salat mit jeweils gleichen Anteilen Sojasoße und Limettensaft an und garnieren Sie ihn mit einigen angerösteten gemahlenen Erdnüssen.

Ein großer Teil der städtischen Architektur der noch nicht sehr alten Hauptstadt Vientiane stellt eine eher düstere Hinterlassenschaft der sowjetischen Ära aus Zweckbauten dar. Einige Juwelen der Vergangenheit aber haben zum Glück überlebt. Dazu zählt auch eine der wohl schönsten Anlagen des Landes: das Wat Si Saket. Sechseinhalbtausend Buddhas stehen entlang der Mauern, die den Tempel umschließen, viele davon in unzähligen Nischen. Wir hatten das großartige Privileg, an einer Zeremonie zur Priesterweihe teilnehmen zu dürfen, in der jene besondere Eigenschaft des Buddhismus spürbar wurde: sich willkommen geheißen zu fühlen.
Wir konnten Vientiane nicht besuchen, ohne nicht auch That Luang, dem Symbol von Laos, einen Besuch abzustatten: Die riesige vielschichtige goldene Stupa wirkte in ihrem Streben in den blauen Himmel beinahe surrealistisch.

NAMIBIA

Eine lange Reise ins Nirgendwo

Sobald man am Flughafen Windhuk in Namibia ankommt, fühlt man sich, als hätte man den Rest der Welt hinter sich gelassen und würde ein Land betreten, in dem die Zeit wenig bedeutsam ist und auch die Menschen kaum von Belang sind. Es ist ein Land voll weiter, vollkommen leerer Gegenden, die sich, grenzenlos und kahl, von Horizont zu Horizont unter einem gewaltigen Himmel erstrecken. Wir empfanden die Leere Namibias erholsam, wunderschön und seltsam verführerisch.

Nur eine kurze Autofahrt vom Flughafen entfernt liegt Goche Ghana, ein Wüstenhabitat mit afrikanischer Flora und Fauna, in dem Breitmaulnashörner, Giraffen, Zebras, Gnus sowie Dutzende andere Arten an Antilopen leben. Da es hier keine gefährlichen Raubtiere gibt, können all diese Tiere auf ungezwungenen Spaziergängen durch den Busch ohne Begleitung besichtigt werden. Dies war ein guter Ort für die ersten Tage, ehe wir unsere äußerst lange Fahrt zum Sandmeer von Sossusvlei antraten. Die einzig nennenswerte Siedlung auf der gesamten Reise dorthin trug den passenden Namen «Solitaire» und war ein vollkommen einsamer Außenposten, der eigentlich nur aus einer Tankstelle und einer deutschen Bäckerei bestand, in der wir uns reichlich mit Snacks für den Rest der Reise eindeckten. Als wir schließlich angekommen waren, stiegen wir in einem Ort namens «Le Mirage Lodge» ab, der wie ein Lager der französischen Fremdenlegion aussah und vollkommen isoliert mitten in der Wüste stand. Von hier aus erkundeten wir auf Wanderungen im Morgengrauen und bei Quad-Bike-Touren bei Mondschein die surrealistisch anmutenden Landschaften aus riesigen Sanddünen und versteinerten Wäldern. Es fühlte sich an, als wäre man Teil eines Gemäldes von Salvador Dalí. Die Temperaturen von rund 55 °C machten alles nur noch surrealer. Dies war der heißeste Ort, an dem wir jemals gewesen sind.

Auch der Flug von hier nach Kaokoveld war atemberaubend. Das Gleiten über das hochgelegene Plateau von Damarland war so, als ob man über die Oberfläche eines anderen Planeten flöge. Dann stießen wir auf die mit Schiffswracks übersäte Küste der Skeleton Coast, der wir bis zum Fluss Kunene im Hartmann-Tal an der Grenze zu Angola folgten. Dort trafen wir auf Menschen des Volkes der Himba, einem der letzten nomadischen Stämme Afrikas.

Vegetarisches Essen in Afrika südlich der Sahara zu finden ist immer eine größere Herausforderung, die in Wüstengebieten noch größer wird, da hier kein Gemüse angebaut werden kann. Gut und vegetarisch zu essen wurde aber umso einfacher, als wir weiter in den fruchtbaren Caprivi-Zipfel reisten: Unter Verwendung der einheimischen Produkte und mit etwas Fantasie gelang es uns, etliche schnelle und einfache Rezepte für Gerichte wie eine pikante Erdnuss-Kichererbsensuppe, Chakalaka (ein Eintopf aus Bohnen und Paprika) sowie ein Potje aus Quitten und Kürbis zu finden.

Seiten 152 – 153: **Der versteinerte Wald in der Wüste Sossusvlei**
Links: **Die weite Landschaft in Kaokoland im Norden Namibias**

Das Essen in Namibia

Die Küche Namibias ist ein einzigartiger Schmelztiegel an unterschiedlichen Einflüssen. Es herrscht ein Mix aus typischen Grundnahrungsmitteln der einheimischen Stammesbevölkerung mit den Einflüssen der deutschen Kolonialvergangenheit sowie den Gewohnheiten des nächsten Nachbarlands Südafrika. Man glaubt es kaum, aber Apfelstrudel und Schwarzwälder Kirschtorte sind genauso beliebt wie Maisbrei mit Chakalaka-Eintopf.

Ursprünglich wurden die wichtigsten Mittel zum Überleben durch Jagen und Sammeln gewonnen: Wilde Früchte, Nüsse, Bohnen, Blätter sowie Wild haben noch immer ihren gewichtigen Platz in der Küche Namibias. Das Vieh wird von den Herero als der wertvollste Besitz erachtet und Milch, Butter, Joghurt sowie Käse bilden den Großteil ihrer Ernährung. Das Grundnahrungsmittel der Himba wiederum ist ein dicklicher Maisbrei, der mit einem pikanten Dip gegessen wird.

Die «Potje» genannten Eintöpfe werden in den typischen gusseisernen Töpfen mit drei Beinen über dem offenen Feuer zubereitet und mit allen geteilt: Kartoffeln, Sellerie, Kürbis, Grünkohl, Paprika und Tomaten werden hierfür langsam auf kleiner Flamme mit Nelken, Zimt, Piment, Ingwer und Muskatnuss geköchelt.

Ein Braai (ein Barbecue) wird am Abend zum Fest – hierbei gilt die Regel, dass jeder ein Gericht sowie irgendetwas Grillbares mitbringen soll. Und mit reichlich Nachschub an gezapften Alkoholika, also reichlich Bier, dauert die Party bis weit in die warme Nacht. Marinaden und Chutneys erhalten ihre Süße durch getrocknete Früchte, Erdnüsse und Bohnen steuern die Proteine bei; und durch die Zugabe von Kräutern und aromatischen Gewürzen können schlichte Rezepte leicht verfeinert werden.

Die deutsche Backtradition ergänzt die namibische Küche um so manche Köstlichkeit: Kuchen, Torten, Blätterteiggebäck und Aufläufe sind noch immer populär. Und genauso beliebt ist auch das lokal gebraute helle Bier nach deutscher Art, das gewissermaßen das Nationalgetränk und ein perfektes Gegengift für eine staubige Reise ist. Alternativ ist auch Rooibusch-Tee ein köstlicher einheimischer Muntermacher, und man schreibt ihm reichlich gesundheitsfördernde Eigenschaften zu.

Da Namibia eines der am dünnsten besiedelten Länder ganz Afrikas ist, gibt es auch nur einige wenige Restaurants, die auch noch weit auseinander liegen. Wir freuten uns auf den stundenlangen Fahrten durch die wilden und wundersamen Landschaften immer auf unseren nächsten Boxenstopp.

Angehörige der Himba-Nomaden in Kaokoland

Aprikosen-Blatjang

Ergibt ca. 900 g

200 g getrocknete Aprikosen, grob
    gehackt
500 ml kochendes Wasser
ein 2 cm langes Stück Ingwer,
    geschält und geraspelt
1 Knoblauchzehe, gehackt
1 rote Chilischote, fein gehackt

1 kleine rote Zwiebel, in Würfel
    geschnitten
eine Handvoll Rosinen
1 Zimtstange
¼ TL Gewürznelken, gemahlen
Abrieb einer halben Orangenschale
1 EL brauner Zucker
30 ml Apfelessig

Geben Sie zunächst die gehackten Aprikosen in eine Schüssel und gießen Sie dann das kochende Wasser darüber. Lassen Sie das Ganze für eine halbe Stunde stehen.

Zerkleinern Sie den Ingwer mit dem Knoblauch, der Chilischote sowie der Zwiebel in einem Mixer. Gießen Sie nun das Aprikosenwasser ab (fangen Sie dieses aber in einem extra Gefäß auf, um es weiter zu verwenden) und geben Sie die Aprikosen zu der Ingwer-Knoblauchmasse in den Mixer. Zerkleinern Sie alles nochmals, sodass nun auch die Aprikosen grob zerkleinert sind.

Gießen Sie anschließend das abgefangene Aprikosenwasser in einen Topf und rühren Sie die Aprikosen-Zwiebelmasse ein. Geben Sie die Rosinen, den Zimt, die Nelken, den Orangenabrieb, den Zucker sowie den Essig dazu und lassen Sie das Ganze auf kleiner Flamme so lange köcheln, bis sich das Wasser reduziert hat und das Chutney eine dickliche, marmeladenartige Konsistenz hat.

Das Chutney kann entweder sofort verwendet oder aber für einen späteren Zeitpunkt in Einmachgläsern im Kühlschrank aufbewahrt werden.

Marinade für ein Braii (Barbecue)

Mischen Sie für diese süßlich-pikante Marinade einen Schuss frisch gepressten Orangensaft mit etwas Olivenöl, Soja-, Chilisoße sowie etwas gehackten roten Chilischoten und Knoblauch. Sie eignet sich hervorragend zu Halloumi-Käse, Maiskolben, Kürbis und Kartoffeln vom Grill. Der enthaltene Zucker karamellisiert dabei herrlich auf dem Gegrillten.

Ein Blatjang, aus getrockneten Früchten und Gewürzen zubereitet, ist eine Kreuzung aus einem Chutney und Marmelade. Es eignet sich gut zum Süßen von Potje-Eintöpfen und Barbecue-Marinaden oder als Ergänzung zu pikanten Aufläufen.

Einfach, aber köstlich! Die in einer pikanten Brühe zubereiteten Schwarzaugenbohnen werden traditionellerweise mit Oshifima, einem Maisbrei, serviert. Wir bevorzugen es, sie zu gedünstetem frischen Spinat oder leicht gekochten zarten grünen Bohnen mit einem Aprikosen-Blatjang (siehe Seite 158) zu reichen. Die Bohnen sollten hier recht scharf gewürzt werden, können aber auch weniger scharf abgeschmeckt werden.

Pikante Schwarzaugenbohnen

350 g Schwarzaugenbohnen, über Nacht in Wasser eingelegt

1 bis 2 TL getrocknete Chiliflocken (je nach Geschmack)

einige Zweigchen Thymian

4 Selleriestangen, in Würfel geschnitten

eine kleine Handvoll Schnittlauch, gehackt

Gießen Sie zuerst das Bohnenwasser ab und spülen Sie die Bohnen anschließend mit Wasser klar. Füllen Sie die Bohnen in einen Topf mit so viel Wasser, dass sie bedeckt sind. Geben Sie die Chiliflocken sowie den Thymian dazu und lassen Sie alles bei geschlossenem Deckel auf kleiner Flamme so lange garen, bis die Bohnen noch nicht ganz weich sind. Geben Sie dann den Sellerie dazu und schmecken Sie mit Salz und Pfeffer ab. Köcheln Sie das Ganze auf kleiner Flamme so lange, bis auch die Bohnen vollständig weich sind.

Streuen Sie zum Schluss etwas gehackten Schnittlauch und einige Chiliflocken über das Gericht.

Gebackene Paprikas mit einer Füllung aus Granatapfel und grünem Pfeffer

Für 4 Personen

4 mittelgroße rote Paprikas, halbiert und entkernt
120 ml Granatapfelkerne (im Messbecher abmessen)
2 EL grüne Pfefferkörner
eine Handvoll Sultaninen oder wahlweise Rosinen, grob gehackt
eine Handvoll grüne Oliven, klein geschnitten

4 Knoblauchzehen, fein gehackt
1 gehäufter TL frischer Thymian
Olivenöl

Zum Anrichten
Süßkartoffelpüree, mit reichlich Butter zubereitet und mit gemahlenem Zimt und schwarzem Pfeffer abgeschmeckt

In diesem Rezept werden rote Paprikas mit einer Füllung aus Granatapfelkernen, Rosinen, grünen Pfefferkörnern und klein gehackten grünen Oliven gebacken und auf einem Bett aus mit Butter zubereitetem Süßkartoffelpüree serviert.

Grüne Pfefferkörner können in Lake eingemacht in Gläsern gekauft werden; alternativ können Sie auch vor der Weiterverarbeitung getrocknete grüne Pfefferkörner in kochendem Wasser für 15 Minuten einweichen.

Heizen Sie zunächst den Ofen auf 190 °C vor.

Geben Sie dann die Paprikahälften auf ein Backblech.

Vermengen Sie die Granatapfelkerne mit den Pfefferkörnern, den Sultaninen, den Oliven, dem Knoblauch und dem Thymian.

Löffeln Sie die Mixtur in die vorbereiteten Paprikahälften und beträufeln Sie das Ganze mit Olivenöl und etwas Salz und Pfeffer. Backen Sie die Paprika im vorgeheizten Ofen für 45 Minuten.

Servieren Sie dazu ein mit Zimt gewürztes Süßkartoffelpüree.

«Chakalaka», ein pikanter Eintopf aus Bohnen, Paprika und Tomaten, wird oft mit weißen Bohnen in Tomatensoße aus der Dose (den klassischen englischen «Baked Beans») zur ultimativen Zeitersparnis zubereitet. Fast so schnell, aber viel leckerer ist es, wenn man Gartenbohnen aus der Dose mit Tomatenstücken und etwas Honig verwendet. Geben Sie zum Schluss etwas geraspelten reifen Cheddar-Käse obenauf.

Chakalaka

4 EL Olivenöl

1 große Zwiebel, in Würfel geschnitten

4 Knoblauchzehen, gehackt

ein 4 cm langes Stück Ingwer, geschält und geraspelt

3 scharfe rote Chilischoten, klein geschnitten

1 kleine rote Paprika, in Würfel geschnitten

1 kleine grüne Paprika, in Würfel geschnitten

2 geraspelte Karotten

3 Selleriestangen, klein geschnitten

2 TL Currypulver

1 gestrichener TL Piment, gemahlen

3 Lorbeerblätter

1 ½ Dosen (400 g) Gartenbohnen, abgetropft und klargespült

400 g Flaschentomaten in Stücken aus der Dose

300 ml Gemüsebrühe

2 EL Tomatenmark

1 EL Peri Peri oder wahlweise Tabasco-Soße

1 ½ TL Honig

reifer Cheddar-Käse, geraspelt, zum Anrichten (optional)

Erhitzen Sie zunächst das Öl in einer Kasserolle und geben Sie dann die Zwiebel, den Knoblauch, den Ingwer und den Chili dazu. Braten Sie alles so lange an, bis die Zwiebel beginnt, glasig zu werden. Fügen Sie anschließend die Paprikawürfel, die Karotte sowie den Sellerie dazu. Sautieren Sie das Ganze, bis das Gemüse weich ist.

Geben Sie nun das Currypulver, den Piment sowie die Lorbeerblätter dazu. Rühren Sie anschließend die Tomatenstücke, die Gemüsebrühe, das Tomatenmark, den Peri Peri sowie den Honig unter.

Köcheln Sie alles auf kleiner Flamme so lange, bis sich die Soße reduziert hat und das Öl an der Oberfläche austritt. Schmecken Sie zum Schluss mit Salz und frisch gemahlenem schwarzen Pfeffer ab.

Eine imposante Elefantenherde im Caprivizipfel im Nordosten Namibias

Das Fahren langer Strecken war in Namibia niemals zu anstrengend, da einem keine anderen Fahrzeuge begegneten, auf die man sich hätte konzentrieren müssen, und die Straßen waren quasi alle im Neuzustand. Obwohl die Landschaft sich nur langsam änderte, gab es visuelle Schmankerl wie beispielsweise eine riesige Gruppe von umherziehenden Zebras, die sich kilometerlang aufgereiht durch die Wüste zog, oder eine einsame Oryxantilope, deren Silhouette sich im aufsteigenden Mond abzeichnete. Sobald der Mond hoch am Himmel stand, war es hell genug, um ein Buch zu lesen, und auch das Kochen in unseren Camps entlang der Straße war sogar bei Nacht leicht machbar.

Eindrückliche Tierbegegnungen – Flusspferde (im Caprivizipfel), Elefanten und Oryxantilopen (im Etosha-Nationalpark) sowie ein Eisvogel (am Sambesi)

Rooibusch-Abendtrunk auf Eis

6 Teebeutel Rooibusch-Tee

ein 3 cm langes Stück Ingwer,
   geschält und geraspelt

1 große Orange, in Segmente
   geschnitten

1 Zitrone, in Scheiben geschnitten

3 Gewürznelken

1 Zimtstange

1 EL Honig

Zum Anrichten

frisch gepresster Orangensaft
   sowie, je nach Geschmack,
   etwas Gin

Eiswürfel

Kochen Sie alle Zutaten mit rund einem Liter Wasser in einem Topf auf. Reduzieren Sie dann die Hitze und köcheln alles auf kleiner Flamme für 5 Minuten. Lassen Sie das Ganze anschließend etwas abkühlen, ehe Sie es durch ein Sieb in einen Krug abgießen.

Servieren Sie das Getränk auf Eis mit etwas frisch gepresstem Orangensaft sowie, wenn Sie es wollen, einem Schuss Gin.

Die eigentümliche Form des Caprivizipfels, der sich zwischen Angola und Botswana erstreckt, ist ein Erbe der «kolonialen Kabbeleien» in Afrika. Nachdem Großbritannien den Landstrich im 19. Jahrhundert für sich als Protektorat Bechuanaland proklamiert hatte, wurde er mit Deutschland 1890 samt der Nordseeinsel Helgoland gegen Sansibar getauscht. Der Landstreifen wurde nun nach dem deutschen Grafen Leo von Caprivi benannt und der Kolonie Deutsch Südwestafrika angegliedert, sehr zum Missfallen des dort lebenden Volks der Lozi, die das Land unter Protest verließen. Am 4. August 1914, dem Tag der Kriegserklärung des Ersten Weltkriegs in Europa, hatte der deutsche Gouverneur des Caprivizipfels gerade den britischen Statthalter des benachbarten Nord-Rhodesiens (dem heutigen Sambia) zu sich eingeladen, als ein Telegramm aus Livingstone eintraf, das den Gast über die Neuigkeit informierte. Als das Abendessen schließlich beendet war, bedankte sich der Engländer bei seinem Gastgeber, zog seine Pistole und verkündete, dass der Deutsche nun als Kriegsgefangener unter Arrest stehe und ein Bataillon britischer Truppen auf dem Weg sei, um den Caprivizipfel als ersten territorialen Gewinn des Krieges für sich einzunehmen.

Als an einem Abend die Sonne unterging und der Mond aufstieg, stießen wir mit diesem Getränk auf die namibische Wüste an. Dafür wird der hauptsächlich im südlichen Afrika angebaute Rooibusch-Tee mit Zimt, Ingwer sowie Orange gebrüht. Auf Eis serviert, wird es zum erfrischenden Getränk; gibt man dann noch etwas Gin dazu, endet der Abend leicht beschwingt.

In dem verschlafenen Außenposten Solitaire ist der lokale Lebensmittelladen zugleich ein Café. Als wir ankamen, war das Tagesgericht eine pikante Erdnuss-Kichererbsensuppe, zu der dicke, mit Butter bestrichene Roggenbrotstücke serviert wurden.

Pikante Erdnuss-Kichererbsen-Suppe

3 EL Olivenöl

1 große Zwiebel, in Würfel geschnitten

2 Knoblauchzehen, gemahlen

1 daumendickes Stück Ingwer, geschält und geraspelt

2 scharfe rote Chilischoten, fein gehackt

1 TL Zimt, gemahlen

½ TL schwarzer Pfeffer, grob gemahlen

1 mittelgroße Kartoffel, geschält und in Würfel geschnitten

400 g Kürbis, geschält und entkernt in Stücken

1 große grüne Paprika, in Würfel geschnitten

175 g Grünkohl, klein geschnitten

1 ¼ l Gemüsebrühe

400 g Kichererbsen aus der Dose, abgetropft und gespült

4 EL weiche Erdnussbutter

Sautieren Sie in einem gusseisernen Topf die Zwiebel, den Knoblauch, den Ingwer sowie die Chilischoten im heißen Olivenöl, bis alles weich ist. Rühren Sie dann den Zimt sowie den Pfeffer unter.

Geben Sie anschließend die Kartoffel, den Kürbis sowie die Paprika dazu und kochen Sie das Ganze so lange, bis das Gemüse beginnt, weich zu werden.

Rühren Sie nun den Grünkohl, die Kichererbsen und die Brühe dazu. Garen Sie alles auf kleiner Flamme bei geschlossenem Deckel so lange, bis das Gemüse gut durch ist.

Lösen Sie die Erdnussbutter in ein wenig kochendem Wasser auf und rühren Sie sie dann in die Suppe ein. Schmecken Sie mit Salz und Pfeffer ab und lassen Sie alles nochmals für einige Minuten auf kleiner Flamme ziehen. Reichen Sie mit Butter bestrichenes Roggenbrot dazu.

In Solitaire ist der Laden zugleich Café und Treffpunkt für Einheimische und Gäste

Cremiger Kartoffel-Pilz-Auflauf

3 mittelgroße Kartoffeln, geschält und in dünne Scheiben geschnitten

1 mittelgroße Zwiebel, klein geschnitten

2 Knoblauchzehen, fein gehackt

1 gehäufter TL Thymian, gehackt

frisch geriebener Muskat, nach Geschmack

1 große Süßkartoffel, geschält und in etwas gröbere Scheiben als die Kartoffeln geschnitten

225 g große Champignons, klein geschnitten

200 ml Sahne

125 ml Gemüsebrühe

Butterflocken

Heizen Sie den Ofen auf 190 °C vor.

Legen Sie eine Auflaufform mit den Kartoffelscheiben aus. Geben Sie dann ein Drittel der Zwiebel, des Knoblauchs sowie des Thymians dazu und würzen Sie das Ganze mit etwas schwarzem Pfeffer und Salz sowie einer guten Portion frisch geriebenem Muskat. Legen Sie anschließend je eine Schicht mit Süßkartoffel- und Champignonscheiben obenauf und würzen Sie diese jeweils auf die gleiche Art und Weise mit Zwiebeln, Knoblauch, Thymian sowie Salz und Pfeffer wie die Kartoffelschicht zuvor. Geben Sie zum Schluss den Rest der Kartoffel- oder Süßkartoffelscheiben obenauf.

Gießen Sie nun gleichmäßig die Sahne und die Brühe über den Auflauf und bestreuen Sie das Ganze zum Schluss mit reichlich Butterflocken.

Decken Sie den Auflauf mit Alufolie ab und backen Sie ihn für 45 Minuten im vorgeheizten Ofen. Entfernen Sie anschließend die Folie und backen Sie den Auflauf für weitere 15 bis 20 Minuten auf der nächst höheren Temperaturstufe (200 °C), bis er goldbraun ist.

Eines Abends zündeten wir den Braai für ein typisches namibisches Barbecue an. Und kein Braai ist ohne einen Kartoffelauflauf vollständig, für den in Scheiben geschnittene Kartoffeln, Süßkartoffeln und Pilze im Wechsel mit Zwiebeln aufeinandergeschichtet und dann mit Sahne und Muskat ausgebacken werden.

Quitten-Kürbis-Potje

2 EL Olivenöl

2 EL Butter

1 große Zwiebel, klein geschnitten

3 Knoblauchzehen, fein gehackt

1 daumengroßes Stück Ingwer, geschält und fein gehackt

½ TL Gewürznelken, gemahlen

½ TL Muskat, gemahlen

2 mittelgroße Quitten, geschält, entkernt und in Stücke geschnitten

2 Karotten, der Länge nach in Streifen geschnitten

3 Selleriestangen, klein geschnitten

3 mittelgroße Kartoffeln, geschält und klein geschnitten

Kürbis, geschält, entkernt und klein geschnitten (ungefähr die gleiche Menge wie die Kartoffeln)

1 TL Ingwerpulver

1 TL Kurkuma

1 TL Paprikapulver

½ TL schwarzer Pfeffer, gemahlen

1 Zimtstange

3 EL Aprikosen-Chutney

500 ml Gemüsebrühe

Erhitzen Sie das Olivenöl mit der Hälfte der Butter in einem gusseisernen Topf. Sautieren Sie die Zwiebel mit dem Knoblauch und dem Ingwer darin, bis alles weich ist, und rühren Sie dann die Gewürznelken sowie den Muskat unter.

Nehmen Sie den Topf vom Herd. Schichten Sie das Gemüse auf die angebratenen Zwiebeln. Beginnen Sie dabei mit den Quittenstücken und enden Sie mit dem Kürbis.

Bestreuen Sie alles mit den restlichen Gewürzen und geben Sie einen Löffel Chutney obenauf. Schmecken Sie die Gemüsebrühe mit Salz und Pfeffer ab und gießen Sie diese über das Potje. Decken Sie den Topf ab und stellen Sie ihn zurück auf den Herd. Lassen Sie das Ganze so lange auf kleiner Flamme ziehen, bis das Gemüse weich ist und sich die Brühe reduziert hat.

Unser Führer schichtete in einem gusseisernen Potje mit drei Beinen Quitten und Kürbisstücke auf gewürzten Zwiebeln übereinander. Während das Ganze langsam vor sich hin kochte, saßen wir um das Feuer und ließen mit Hilfe eines oder zweier kalten Biere unsere Seelen baumeln.

Da es zu schwierig war, ein Potje in unser Gepäck für die Heimreise zu packen, benutzen wir nun einen gusseisernen Kochtopf samt passendem Deckel, um dieses Gericht zuzubereiten.

Quitten sind harte birnenförmige Früchte mit einem leichten Flaum auf ihrer Haut und einem duftigen Geschmack. Werden sie geschnitten, verlieren sie rasch ihre reine Farbe; geben Sie sie also am besten nach der Vorbereitung und bis Sie sie weiterverarbeiten in eine Schale Wasser mit einem guten Schuss Zitronensaft.

Sollten Sie keine Quitten bekommen, können Sie auch Birnen oder Äpfel verwenden. In Namibia gibt man gerne ein Aprikosen-Chutney in Rezepte, ein Mango-Chutney schmeckt aber auch vorzüglich.

Dieses würzige Brot ohne Hefezusatz dachten sich die deutschen Siedler als einfache Methode aus, um fern der Heimat dennoch schmackhaftes Brot backen zu können.

Die Sossusvlei-Wüste – Weite aus Sand und Himmel

Würziges Steppenbrot

450 g Vollkornmehl
4 TL Backpulver
1 TL Zimt, gemahlen
½ Piment, gemahlen
⅓ TL Gewürznelken, gemahlen

1 Prise Salz
50 g brauner Zucker
75 g ungesalzene Butter in Würfeln
1 großes Ei
150 ml Vollmilch

Heizen Sie zunächst den Ofen auf 200 °C vor.

Sieben Sie das Mehl mit dem Backpulver, dem Zimt, dem Piment, den Nelken und dem Salz in eine große Schüssel. Geben Sie nun den Zucker dazu und rühren Sie dann die Butter ein.

Verquirlen Sie das Ei mit der Milch und geben Sie beides zu. Vermengen Sie alles so lange, bis ein dicker Teig entsteht. Bestäuben Sie den Teig mit etwas extra Mehl und kneten Sie ihn anschließend gut durch, bis er schön und elastisch ist (kneten Sie, so lange Sie nur irgend können – ein gutes Brot wird Ihr Lohn sein).

Geben Sie den Teig in eine eingefettete und mit Mehl bestäubte Brotform. Alternativ können Sie auch ein rundliches Brot formen. Bei der zweiten Variante sollten Sie die Oberfläche mit einem Messer einritzen und das Brot anschließend auf ein eingefettetes Backblech geben.

Backen Sie zum Schluss das Brot im vorgeheizten Ofen für 45 Minuten. Das Brot ist dann fertig, wenn es, klopft man gegen den Boden, hohl klingt.

SYRIEN

Eine Rundreise durch die Geschichte

Seiten 170 - 171: **In der antiken Oasenstadt Palmyra** | *Oben:* **Der Souk al-Buziriya in der Altstadt von Damaskus**

Wir hatten das Glück, dieses beeindruckende Land im Frühjahr 2010, kurz vor Beginn der verheerenden Kämpfe und Zerstörungen, zu besuchen und können so davon berichten, wie es sein kann in diesem Land, dessen überreiche Geschichte keinen unberührt lässt.

Die Hauptstadt Damaskus ist die älteste dauerhaft bewohnte Stadt der Erde, und so wird man bei einer Reise dorthin lediglich zu einem weiteren Besucher aus fernen Landen, der in die Fußstapfen unzähliger anderer tritt, die schon vor ihm hier waren. Das Erkunden der labyrinthischen Altstadt erscheint wie ein Gang durch eine romantisierte Vergangenheit. Familien und Freunde treffen sich in kunstvoll verzierten Innenhofcafés, um entweder die Mezze genannten Tellergerichte voll lokaler Köstlichkeiten zu essen, Minztee oder Wein zu trinken, parfümierten Tabak in Wasserpfeifen zu rauchen oder Geschichtenerzählern zu lauschen. In den überdachten Souks, den Geschäfts- und Handwerksvierteln, verkaufen die Händler alles Erdenkliche – von Seide und Gewürzen bis hin zu Volksmedizin und Parfüms. In den engen Gassen mischen sich die wohlriechenden Dämpfe aus den Hammams, den typischen Dampfbädern, mit den Aromen der an kleinen Essensständen frisch zubereiteten Snacks. All die einheimischen Erzeugnisse ließen schon bald unsere Mägen in Vorfreude auf die vielen Mahlzeiten, die uns erwarteten, knurren. Die durchdringenden Klänge der Gebetsrufe von Dutzenden Moscheen in der Nachbarschaft sorgten dabei für einen «atmosphärischen Soundtrack».

Es bedurfte nur wenig Mühe, in Damaskus gutes Essen zu finden. Und es war ein Ort, an dem es zudem leicht war, Vegetarier zu sein, da es eine Vielzahl an Mezze-Gerichten (kleine Vor- und Zwischenspeisen, vergleichbar den Tapas) gibt, die aus Gemüse, Obst, Hülsenfrüchten, Kräutern und Getreide zubereitet werden.

Nach einigen Tagen in Damaskus mieteten wir uns ein Auto und fuhren hinaus aufs Land. Den ersten Halt machten wir in der antiken christlichen Siedlung Ma'loula im Qalamoun-Gebirge, in dem noch immer das biblische Aramäisch gesprochen wird. Lawrence von Arabien beschrieb unsere nächste Station, das Crac des Chevaliers, als «das schönste erhaltene Schloss der Welt» – ein würdiger Platz also, um unser feines Mittagessen zu genießen, das aus kleinen Auberginen mit Berberitzen, Aprikosen und Pinienkernen bestand. An der Mittelmeerküste verbrachten wir einen Tag in den Ruinen der phönizischen Stadt Amrit, die bereits im 15. Jahrhundert vor Christus erbaut worden war. In die Sockel der erhabenen Grabtürme sind Löwen eingemeißelt und es gibt sogar ein in den Felsen gehauenes Sportstadion, das früher als Olympia zu datieren ist. Unsere längste Fahrt führte uns von hier ins Landesinnere zu den Überresten der römischen Stadt Palmyra in der östlichen Wüste. Da sie eine der weltweit besterhaltenen Stätten der klassischen Antike ist, liegt hier das Touristenzentrum Syriens. Unvermeidlicherweise beeinträchtigt dieser Umstand die Qualität des angebotenen Essens – mit Ausnahme des zuverlässig guten syrischen Frühstücks aus warmem Brot, Honig, Joghurt, Oliven und Lebneh (einem Weichkäse) sowie reichlich brühheißem Kardamomkaffee.

Das Essen in Syrien

In dem labyrinthischen Gassengewirr, das den berühmten Souk von Damaskus bildet, reiht sich ein Verkaufsstand an den nächsten – es stapeln sich nur so die Oliven, Feigen, Datteln, Granatäpfel, Hülsenfrüchte, Kräuter und Gewürze. Wunderschön drapierte und vor Ort angebaute tief violette Auberginen, knollige Paprikas, Gurken und die reifsten Tomaten locken die Käufer, die auf der Suche nach Inspiration für die Kochzutaten des Tages sind.

Die Mahlzeiten sind ein ausgelassenes Ereignis für die ganze Familie und beginnen meist mit einer Mezze. Der Tisch wird im wahrsten Sinne des Wortes mit einer reichhaltigen Auswahl an Appetit anregenden kleinen Gerichten geschmückt, die von köstlichen Dips und Oliven bis zu gefüllten Weinblättern reichen. Es folgen bunte Salate, beispielsweise aus fein gehackter Petersilie, die mit gebrochenem Weizen (ungekochter Weizen wird zerquetscht oder grob geschrotet) und Tomaten oder mit einem Fattush (Brotsalat) gemischt werden, der mit Zitrone und arabischem Sumach angemacht ist. Zu jeder Mahlzeit gibt es reichlich Fladenbrot, das von Hand in Stücke gerissen wird und gewissermaßen als Besteckersatz zum Einsatz kommt, indem man mit ihm kleine mundgerechte Portionen «löffelt». Eine Mahlzeit endet zumeist mit einem Kebab oder einem Kibbeh (siehe Seite 184). Der Nachtisch wird abends am liebsten draußen in einem Café zu sich genommen, so hat man die Chance auf einen Bummel und kann sich beim Pflegen der Sozialkontakte zudem mit Klatsch und Tratsch versorgen. Kunstvoll verzierte Torten wetteifern dabei mit süßem, die Zähne betäubenden Baklava um Aufmerksamkeit. Letzteres ist die perfekte Beilage zu einer Tasse dickem schwarzem türkischen Kaffee und einer Huka (Wasserpfeife).

Den ganzen Tag über wird Schwarztee getrunken und immer ist ein Essensstand verfügbar, der mit Kreuzkümmel, Knoblauch und Zitrone gekochte Ful (Saubohnen) oder heiße Falafel (Bällchen aus pürierten Bohnen oder Kichererbsen) im Fladenbrot verkauft.

Brot wird als Grundstoff des Lebens verehrt; etwas davon zu verschwenden wird als Schande angesehen. Als Zeichen des Respekts wird das Brot immer mit den Händen in Stücke gerissen und nie mit einem Messer geschnitten.

Aus Schafsmilchjoghurt wird ein einfacher weicher Frischkäse hergestellt, der, mit Kräutern und Olivenöl verfeinert oder mit Minze gemixt, zu einem kühlenden Joghurtgetränk wird. Die essentielle syrische Zutat Tahina, die aus gemahlenen Sesamkörnern hergestellt wird, wird entweder mit Hülsenfrüchten oder mit gebackenen Auberginen vermengt, um Dips mit einem Räucheraroma für eine Mezze zu bekommen oder um, mit etwas Zitronensaft und Knoblauch gemischt, zu einer unentbehrlichen Tahina-Soße zu werden.

Ein Innenhofcafé in der Altstadt von Damaskus

Links: **Die große Omaijaden-Moschee – Ort der Begegnung, Herz der Altstadt**

An der Omaijaden-Moschee in Damaskus, die auch einfach «Große Moschee» genannt wird, verbrachten wir einige Stunden damit, entspannt die fröhliche Atmosphäre zu genießen und die Welt an uns vorüberziehen zu lassen. Dieser Ort ist viel mehr als nur ein Ort des Gottesdienstes – er ist das Herz der Altstadt. Zwischen schwarz verschleierten iranischen Pilgerinnen und mit Juwelen behängten Touristen aus den Golfstaaten und Ägypten schlittern spielende Kinder über den polierten Marmorboden des weitläufigen Innenhofs. Daneben lassen es sich ganze Freundesgruppen entweder beim lockeren Plausch im Schatten, beim Picknick, beim kleinen Nickerchen zwischendurch oder gar beim Spielen auf ihren Smartphones gut gehen. Jeder ist hier willkommen. In der großen Gebetshalle gibt es einen Schrein für Johannes den Täufer und außen ein bescheidenes Mausoleum, das die sterblichen Überreste von Saladin beheimatet.

Ayran

500 ml Naturjoghurt (mindestens 3,5 % Fett)	Salz nach Geschmack
350 ml kaltes stilles Mineralwasser	eine Handvoll Minze, fein gehackt
	Eiswürfel zum Anrichten

Verquirlen Sie zunächst den Joghurt mit dem Wasser, bis er leicht schaumig ist, und geben Sie etwas Salz dazu.

Befüllen Sie ein hohes Glas zu einem Viertel mit Eiswürfeln und gießen Sie dann den Ayran darüber. Bestreuen Sie das Ganze zum Schluss mit etwas fein gehackter frischer Minze.

Dieses erfrischende Getränk aus Joghurt und Minze wird traditionellerweise von den Beduinen getrunken. Um den Salzverlust des Körpers auf langen heißen Reisen durch die Wüste auszugleichen, wird dem Joghurt Salz beigemischt.

Knusprig getoastetes Pita-Brot, das mit frischen Kräutern, Gemüse und gebröckeltem Fetakäse sowie einem Dressing aus Zitronensaft und Sumach gegessen wird, bildete unser köstliches Mittagessen auf dem Weg zur imposanten Kreuzfahrerburg Crac des Chevaliers (siehe Foto).

Von den Kreuzrittern errichtet und selbst der Belagerung durch den legendären Saladin trotzend, thront die Burg Crac des Chevaliers noch immer in all ihrer Erhabenheit auf der Spitze eines Hügels über dem Dorf Al-Husn. Sie wurde derart massiv und mächtig erbaut, dass sie in ihrer Militärgeschichte niemals von feindlichen Truppen eingenommen wurde. Die Legende besagt zudem, dass in der Burg genug Vorräte gelagert werden konnten, um 2000 Männer über eine Zeitspanne von fünf Jahren zu versorgen.

Fattush-Salat

Für den Salat

2 Pita-Brote

½ bis 1 mittelgroßer Romagna-Salat, klein geschnitten

1 grüne Paprika, in Würfel geschnitten

3 mittelgroße Tomaten, in Würfel geschnitten

2 kleine Gurken, geschält und in Würfel geschnitten

8 Radieschen, in Würfel geschnitten

4 Frühlingszwiebeln, in Scheiben geschnitten

eine gute Handvoll Petersilie, fein gehackt

eine Handvoll Minze, grob gehackt

1 EL Sumach (siehe Za'atar auf Seite 183) oder wahlweise 1 TL Paprikapulver

Feta-Käse, gebröckelt, zum Anrichten (optional)

Für das Dressing

1 Knoblauchzehe, gehackt

4 EL Zitronensaft

6 EL Olivenöl

Salz und Pfeffer zum Abschmecken

Toasten Sie zuerst die Fladenbrote, sodass diese schön knusprig sind. Reißen Sie sie dann von Hand in mundgerechte Stücke und legen Sie diese danach zur Seite.

Vermengen Sie nach und nach die anderen Zutaten für den Salat mit dem Sumach. Verquirlen Sie anschließend die Zutaten für das Dressing miteinander.

Geben Sie das Dressing erst kurz vor dem Servieren über den Salat und mischen Sie ihn dann mit den getoasteten Pitas. Servieren Sie ihn sofort und geben Sie, wenn Sie mögen, etwas gebröckelten Fetakäse obenauf.

Syrisches Frühstück

Für ein syrisches Frühstück, das nach Art eines Mezze gereicht wird, lohnt sich das Aufstehen in jedem Fall. Zu Hause ist es inzwischen so, dass für uns ein Sonntagmorgen ohne das Wiederauflebenlassen der unvergesslichen Geschmackseindrücke Syriens unvollständig ist.

Kombinieren Sie hierfür ein Labneh, auf das Sie frische Kräuter und fruchtiges Olivenöl geben, mit dicken Gurken- und Tomatenscheiben, Oliven und warmem Fladenbrot. Eine Schale Schafsmilchjoghurt mit etwas darüber geträufeltem flüssigen Honig und Kardamomkaffee gehören natürlich dazu.

Kardamomkaffee

Geben Sie ¼ TL gemahlenen Kardamom oder wahlweise 3 aufgeschnittene grüne Kardamomschoten pro Person in das frisch gemahlene Kaffeemehl. Anschließend den Kaffee auf die Ihnen vertraute Art zubereiten.

Um ein authentisches Geschmackserlebnis zu bekommen, sollten Sie den Kaffee schwarz mit etwas Zucker trinken.

Ein mit Kardamom gewürzter Kaffee heißt einen Gast willkommen und hilft beim Feilschen auf dem Souk.

Die Beduinen drücken hierfür eine Kardamomschote in die Tülle der Kaffeekanne. Wir bevorzugen es, entweder gemahlenen Kardamom oder aber aufgeschnittene grüne Schoten in das Kaffeepulver zu geben.

So einladend und köstlich sieht ein syrisches Frühstück aus

Labneh kann sehr leicht
hergestellt werden: Lassen
Sie ihn einfach über
Nacht zum Abtropfen im
Sieb stehen, und er wird
am nächsten Morgen
essfertig sein.

Labneh

250 ml Schafsmilchjoghurt
1 TL Kreuzkümmel, ganz
½ TL Salz
eine Handvoll Minze, gehackt
eine kleine Handvoll Dill, gehackt
Olivenöl
Schwarzer Pfeffer

Zum Anrichten
Tomaten und Landgurken, in
   Scheiben geschnitten
Oliven
warmes ungesäuertes Brot
Joghurt und Honig

Legen Sie ein Plastiksieb mit einem Baumwolltuch aus und stellen Sie eine Schüssel darunter, die tief genug sein sollte, dass die abgegossene Molke nicht das Sieb berührt.

Mischen Sie den Joghurt mit dem Kreuzkümmel sowie dem Salz und löffeln Sie ihn in das mit dem Tuch ausgelegte Sieb. Lassen Sie das Ganze über Nacht stehen. Die Molke wird während dieser Zeit abtropfen und einen köstlichen Weichkäse zurücklassen. Legen Sie nun sorgsam die Ecken des Tuchs zusammen und drücken Sie die restliche Molke aus dem Käse.

Geben Sie den gewonnenen Käse in eine flache Schüssel. Drücken Sie mit dem Rücken eines Löffels eine Einkerbung in die Mitte und füllen Sie diese mit dem Olivenöl. Bestreuen Sie den Käse zum Schluss mit den frischen Kräutern und etwas schwarzem Pfeffer.

Servieren Sie Ihr Labneh mit einigen Tomaten- und Landgurkenscheiben, Oliven sowie warmem Pita-Brot und reichen Sie eine Schüssel Joghurt dazu, auf den etwas flüssiger Honig geträufelt wird.

Geschmückte Aubergine

8 Baby-Auberginen

1 mittelgroße Zwiebel, fein in
   Würfel geschnitten

3 Knoblauchzehen, gehackt

2 EL Olivenöl

½ TL Zimt, gemahlen

½ TL Piment, gemahlen

¼ TL schwarzer Pfeffer, gemahlen

2 EL Berberitzen, grob gehackt,
   wahlweise getrocknete Kirschen

2 EL ungeschwefelte getrocknete
   Aprikosen, gehackt

2 EL Pinienkerne

2 EL Mandelblättchen, gehackt

120 ml gekochter Basmatireis (im
   Messbecher abgemessen)

1 EL Granatapfelmelasse (siehe
   Muhammara auf Seite 182) oder
   wahlweise Honig

1 EL Butter

400 g Tomatenstücke aus der Dose

nochmals ¼ TL Piment, gemahlen

1 gestrichener TL getrocknete
   Minze

125 ml Gemüsebrühe

Saft einer halben Zitrone

eine Handvoll glatte Petersilie,
   gehackt

Zum Anrichten

125 ml Naturjoghurt, mit einer
   gehackten Knoblauchzehe
   verquirlt und mit Salz und
   schwarzem Pfeffer
   abgeschmeckt

Löffeln Sie zunächst das Fleisch der Auberginen heraus.

Bereiten Sie nun die Füllung zu: Braten Sie hierfür zuerst die Zwiebel mit dem Knoblauch und dem Olivenöl in einer großen Pfanne goldbraun an. Rühren Sie danach die Gewürze, die getrockneten Früchte, die Nüsse, den Reis, das Auberginenfleisch sowie die Granatapfelmelasse unter.

Geben Sie nun die Füllung in die ausgeschabten Auberginen. Drücken Sie alles fest und kompakt in das hohle Gemüse (all das, was von der Füllung übrig bleibt, kann in die Tomatensoße eingerührt werden).

Geben Sie Butter in eine Pfanne und braten Sie die Auberginen von allen Seiten braun. Geben Sie die Tomatenstücke, den ¼ TL Piment, die getrocknete Minze sowie die Brühe dazu und schmecken Sie alles mit Salz und Pfeffer ab. Lassen Sie das Ganze auf kleiner Flamme so lange ziehen, bis die gefüllten Auberginen weich sind und sich die Soße reduziert hat.

Bestreuen Sie das Ganze zum Schluss mit der gehackten Petersilie und dem Zitronensaft und reichen Sie den verfeinerten Joghurt als Beilage dazu.

Dieses Rezept steht für einen typischen Geschmack auf den Märkten: Dafür werden kleine Auberginen mit Pinienkernen, Mandeln, getrockneten Aprikosen, Berberitzen und Reis gefüllt, in einer würzigen Tomatensoße gegart und schließlich mit einem mit Knoblauch verfeinerten Joghurtdressing serviert.

Die sauren getrockneten roten Berberitzen kann man in arabischen Feinkostläden kaufen. Als Alternative können auch getrocknete Kirschen verwendet werden.

Kaum hatten wir unser Auto in Ma'loula geparkt, kamen schon kleine Jungs angerannt und boten uns an, unsere Namen gegen eine kleine Gebühr auf Aramäisch zu schreiben. Dann führten sie uns durch einen engen Felsenpfad zu dem über der Stadt gelegenen bezaubernden Kloster St. Thekla. Thekla war die Tochter eines römischen Statthalters, die schon kurz nach der Kreuzigung Jesu vom heiligen Paulus zum Christentum bekehrt worden war. Der Legende nach muss sie eine Frau von überwältigender Schönheit gewesen sein, deren Leben anfangs von Flucht geprägt war – vor einer Strafverfolgung wegen ihres Glaubensbekenntnisses und vor den unerwünschten Avancen liebestoller Männer. In Ma'loula aber fand sie schließlich einen Ort, an dem sie – in einer Höhle versteckt – ein Leben in Einsamkeit und Gebet führen konnte. Thekla ist eine der populärsten Heiligen des christlichen Orients. Eine steile Treppe führt heute zu jener Höhle, die auch ihr Grab wurde. Es ist ein magischer Ort des Friedens, um den sich hängender Farn und Geäst schmiegen (siehe Foto unten).

Das syrische Mezze

Ein syrisches Mezze besteht aus einer Unmenge von individuellen bunten Gerichten, die als Appetitanreger vor dem eigentlichen Mahl serviert werden. Wenn wir mal nicht so hungrig sind, nehmen wir gerne einige der kleinen Gerichte mit etwas warmem Fladenbrot als Imbiss zu uns. Im Folgenden haben wir ein paar unserer Favoriten aufgeführt.

Muhammara

1 kleines braunes Pitta-Brot,
   zerbröckelt

250 g geröstete rote Paprika, grob
   gehackt

60 g Walnüsse, gehackt

3 Knoblauchzehen, fein gehackt

½ TL Chiliflocken

1 TL Kreuzkümmel, gemahlen

1 EL Granatapfelmelasse oder

wahlweise Honig

1 EL Zitronensaft

3 EL Olivenöl, dazu etwas zum
   Beträufeln

glatte Petersilie, fein gehackt, und
   Walnüsse, gehackt, zum
   Garnieren

warmes getoastetes Pita-Brot zum
   Anrichten

Vermengen Sie die Brotstückchen mit einem EL Wasser in einem Mixer, sodass eine Paste entsteht. Geben Sie nun die restlichen Zutaten dazu und zerkleinern Sie anschließend alles gut im Mixer. Streuen Sie zum Schluss die gehackte Petersilie und die Walnüsse über das Ganze und beträufeln Sie alles mit etwas Olivenöl. Reichen Sie warmes getoastetes Pita-Brot dazu.

Oben: **Blick über die Altstadt von Damaskus zur Abenddämmerung**

Muhammara ist ein würziger Dip mit gerösteter roter Paprika und Walnüssen. Um den Aufwand so gering wie möglich zu halten, kaufen wir geröstete, in Olivenöl eingelegte Paprika. Granatapfelmelasse ist ein Fruchtsirup, der zum Verfeinern von pikanten und süßen Speisen verwendet wird. Er hat einen süß-sauren Geschmack und ist in arabischen Feinkostläden erhältlich. Sollte es aber schwierig sein, ihn zu bekommen, können Sie auch versuchen, ihn selbst herzustellen: Köcheln Sie dafür einfach etwas Granatapfelsaft auf kleiner Flamme so lange, bis sich die Flüssigkeit reduziert und die Konsistenz von flüssigem Honig angenommen hat. Alternativ kann man auch flüssigen Honig verwenden.

Dieser Dip ähnelt Hummus, wird aber mit Favabohnen, einer Art Saubohnen (etwas dunklere Farbe und etwas kräftiger im Geschmack), die überall im Nahen Osten populär sind, zubereitet.

Favabohnen werden in arabischen Feinkostläden entweder getrocknet oder vorgekocht in Dosen verkauft. Man kann stattdessen aber auch Saubohnen oder Kicher-erbsen verwenden. Wir verwenden stets die Bohnen aus der Dose.

Byesar, so erfuhren wir, isst man am besten auf die folgende Art: Das getoastete Fladenbrot wird zunächst in Za'atar getunkt, und dann wird mit dem Brot der Byesar gelöffelt.

Za'atar wird überall in Syrien großzügig als Würze für Dips, Gemüse und Reisgerichte verwen-det. Es ist leicht herzu-stellen und kann hervorragend in luft-dichten Behältnissen aufbewahrt werden.

Sumach sind gemahlene rote Beeren, die man in arabischen Feinkostläden kaufen kann. Dort gibt es auch bereits fertigen Za'atar, sollten Sie sich das Leben einfacher machen wollen.

Byesar

250 g Favabohnen aus der Dose, abgetropft (wahlweise Saubohnen, frisch oder tiefgefroren)

2 Knoblauchzehen, klein geschnitten

1 gehäufter TL Kreuzkümmel, ganz

¼ TL Cayennepfeffer

5 EL Olivenöl

1 guter Schuss Zitronensaft

eine kleine Handvoll Minze, gehackt, sowie einige Kreuzkümmelsamen zum Garnieren

Zum Anrichten

Za'atar-Würze

Olivenöl

getoastetes Pita-Brot

Gießen Sie als Erstes die Bohnen aus der Dose ab (fangen Sie aber die abge-tropfte Flüssigkeit auf). Geben Sie nun die Bohnen mit dem Knoblauch, dem Kümmel, dem Cayennepfeffer, dem Olivenöl, dem Zitronensaft sowie 2 EL der Abtropfflüssigkeit in einen Mixer und zerkleinern Sie alles so, dass eine sämige Masse entsteht. Schmecken Sie mit Salz und Pfeffer ab. (Sollten Sie frische oder tiefgefrorene Saubohnen verwenden, lassen Sie diese vor dem Mixen etwas mit den restlichen Zutaten auf kleiner Flamme in Salzwasser garen, bis sie weich sind.)

Löffeln Sie die Masse in eine Schüssel und beträufeln Sie diese mit etwas Olivenöl. Garnieren Sie das Ganze mit der gehackten Minze und einigen Kreuzkümmelsamen.

Za'atar-Gewürzmischung

2 EL Sesamsaat, geröstet

2 EL getrockneter Thymian

2 EL getrockneter Oregano

2 TL Sumach

½ TL Salz

Vermengen Sie hierfür einfach alle Zutaten und lagern Sie das Ganze bis zur Verwendung in einem Marmeladenglas.

Auf der nächsten Doppelseite finden Sie weitere Mezze-Rezepte …

Kürbis-Kibbeh

100 g Weizenbulgur

400 g Kürbis, geschält, entkernt
und in Würfel geschnitten

1 mittelgroße Zwiebel, gehackt

2 Knoblauchzehen, gehackt

6 EL Mehl

½ TL Koriander, gemahlen

½ TL Zimt, gemahlen

½ TL Kreuzkümmel, gemahlen

¼ TL weißer Pfeffer, gemahlen

¼ TL Piment, gemahlen

50 g Pinienkerne

50 g Walnüsse, gehackt

Olivenöl

Heizen Sie den Ofen auf 200 °C vor.

Geben Sie den Bulgur und kochendes Wasser (der Bulgur sollte knapp bedeckt sein) in eine Schüssel. Lassen Sie das Ganze dann für ungefähr 15 Minuten stehen, sodass das Wasser aufgesaugt und der Bulgur weich ist.

Kochen Sie in der Zwischenzeit den Kürbis in Salzwasser weich, gießen Sie das Wasser ab und zerkleinern Sie den Kürbis anschließend mit der Zwiebel, dem Knoblauch, dem Mehl und den Gewürzen in einem Mixer.

Mischen Sie die Kürbismischung mit dem Bulgur, den Pinienkernen und den gehackten Walnüssen und schmecken Sie das Ganze mit Salz und Pfeffer ab.

Verteilen Sie nun die Mixtur ungefähr 1 cm dick in einer eingefetteten, flachen Backform mit Antihaftbeschichtung. Pressen Sie die Mixtur gut fest.

Ritzen Sie die Oberfläche jeweils diagonal mit einem Messer ein, sodass mundgerechte Stücke in Diamantform entstehen. Träufeln Sie dann etwas Olivenöl darüber. Backen Sie das Ganze im vorgeheizten Ofen für ca. 20 Minuten goldbraun.

Reichen Sie zum Schluss entweder eine Tahina-Soße dazu oder verwenden Sie das Kibbeh zusammen mit klein geschnittenem Blattsalat, Gurken- und Tomatenscheiben sowie reichlich Tahina als Füllung von getoasteten Pita-Taschen.

Gewürzter Kürbis, der mit Pinienkernen, Walnüssen und Bulgur ausgebacken wird, schmeckt sowohl mit einer Tahina-Soße als auch als Füllung von ungesäuertem Brot – das ultimative syrische Sandwich für unterwegs.

Die antike Oasenstadt Palmyra lag an einer wichtigen Karawanenstraße Syriens – hier ein Blick auf die Ruinen der Wachtürme

Dieses super-schnelle Rezept ist eine «Mahlzeit aus der Schüssel».

Die Tahina-Soße ist untrennbar mit der syrischen Küche verbunden – und sie hat tatsächlich die Kraft, ein Gericht zu verändern. Die Soße wird aus Tahine (einer Sesampaste) hergestellt und als Dip oder Dressing verwendet. Sie können sie entweder mit ein bis zwei Löffel Joghurt kombinieren oder mit angebratenen Zwiebeln und Zimt eine Marinade für gegrillten Halloumi-Käse oder Auberginen zaubern.

Kichererbsen in Knoblauchjoghurt

4 Knoblauchzehen, gehackt

1 EL Butter

1 ½ TL getrocknete Minze

200 ml Naturjoghurt

1 Zwiebel, fein gehackt

800 g Kichererbsen aus der Dose, abgetropft (⅓ der Flüssigkeit aufgefangen)

2 Pitta-Brote, getoastet und von Hand in mundgerechte Stücke zerkleinert

3 EL Pinienkerne, geröstet

¼ TL Paprikapulver

eine kleine Handvoll Dill, gehackt

Braten Sie zunächst den Knoblauch in der halben Menge Butter goldbraun an. Geben Sie dann die getrocknete Minze dazu und braten Sie das Ganze für einige weitere Minuten. Rühren Sie anschließend den Joghurt unter und schmecken Sie alles mit Salz und Pfeffer ab.

Braten Sie die Zwiebel in der restlichen Butter weich. Geben Sie dann die Kichererbsen sowie die abgefangene Kichererbsenflüssigkeit dazu und garen Sie alles auf kleiner Flamme so lange, bis die Kichererbsen heiß sind.

Legen Sie nun eine Schüssel mit dem getoasteten Pita-Brot aus. Gießen Sie die Kichererbsen darüber, anschließend den verfeinerten Joghurt. Bestreuen Sie das Ganze mit dem Paprikapulver, den gerösteten Pinienkernen sowie dem gehackten Dill. Servieren Sie sofort, damit das Pita-Brot nicht zu sehr durchweicht.

Tahina-Soße

90 ml milde Tahine (Sesampaste)

3 Knoblauchzehen, gehackt

2 EL Olivenöl

3 EL Zitronensaft

je eine Prise Kreuzkümmel, gemahlen, und Cayennepfeffer

etwas glatte Petersilie, fein gehackt, zum Anrichten

Verquirlen Sie alle Zutaten miteinander. Die Tahine wird sich verdicken, daher sollten Sie das Ganze mit warmem Wasser verdünnen, sodass eine gute träufelfähige Konsistenz entsteht. Garnieren Sie zum Schluss die Soße mit der gehackten Petersilie.

VIETNAM

Entlang der Küstenroute von Hanoi nach Hoi An

Hanoi gelingt es auf einzigartige Weise, die elegante französische Kolonial-vergangenheit mit der lebendigen traditionellen asiatischen Kultur, der allgegen-wärtigen und zum Teil poetischen Baufälligkeit und einem modernen dynami-schen urbanen Chic zu einem eindrucksvollen und unwiderstehlichen Cocktail zu vereinen. Es ist das Musterbeispiel einer asiatischen Stadt.

Ob an einfachen Essensständen, in trendigen Cafés oder Gourmetrestaurants – überall findet man kulinarische Schätze. Um mehr über die aufregenden neuen Gerichte, die wir überall in der Stadt entdeckt hatten, herauszufinden, schrieben wir uns für einen Kurs in der vietnamesischen Kochschule des Metropole Hotels ein. Tam, eine der Köchinnen des Hotels, nahm uns für die Suche nach den besten Zutaten per Rikscha mit in das tiefste Innere der Märkte der Stadt. Sie führte uns zielstrebig, auf all jene Produkte deutend, die wir später verarbeiten würden, durch dieses farbenfrohe Chaos. Dies war eine großartige Möglichkeit, ins wahre Leben der Einheimischen einzutau-chen. Wären wir allein dort gewesen, hätten wir uns nur wie Touristen gefühlt, die unbeholfen und tollpatschig versuchen, ohne Chance auf Interaktion das Leben ande-rer Menschen kennenzulernen. Stattdessen waren wir dadurch, dass wir ja tatsächlich einige der angebotenen Erzeugnisse benötigten, und durch die für uns übersetzende Tam, richtige, echte Kunden. Und so versuchten wir wie diese auch das ein oder andere, quetschten daran und klopften dagegen und machten hier und da ein Späßchen. Zurück in der High-Tech-Küche des Hotels, lernten wir dann, wie man Frühlingsrollen, Pho (eine Nudelsuppe) und Che Dau Xanh zubereitet. Als wir die Küche verließen, um wieder zu normalen Gästen des Restaurants zu werden, fühlten wir uns ein bisschen so, als wären wir fahnenflüchtige Überläufer.

Auf unserer Reise südwärts zur am Parfümfluss gelegenen alten Kaiserstadt Hue lernten wir weitere Geheimnisse des vietnamesischen Essens während eines Kurses in einem Privathaus kennen, das einst eine Königsvilla war. Der Pavillon, der aus dunkel gebeiz-tem und poliertem Holz mit einem Fliesenboden und Schieferdach gebaut worden war, öffnete sich auf beiden Seiten zu einem kunstvoll verzierten Garten mit Lilienteichen und viel grünem tropischem Blattwerk. Mit dem Rest des Hauses war er durch Wandelgänge auf Pfählen verbunden. Unsere Kochstunde wurde uns von den jungen Frauen der Familie erteilt, die in ein Ao Dai, das lange traditionelle Kleid vietnamesi-scher Frauen, gekleidet waren. Die gesamte Szenerie erschien uns an diesem schwül-heißen Tag mit dem andauernden sintflutartigen Regen fast wie aus einem Traum.

Auch in der Kochschule Red Bridge in Hoi An begann der Kurs mit der üblichen Markttour. Danach aber ging es mit dem Boot auf dem Fluss Bon hinab zu den «Open-Air-Kursräumen» direkt am Flussufer. Hier lernten wir eine vegetarische Version von Cao Lau, des beliebtesten Gerichts von Hoi An, kennen: Hierbei werden Reisnudeln mit unzähligen Zutaten aus dem Wok, knusprigen Croûtons und frischen Kräutern ver-mischt.

Das Essen in Vietnam

Das vietnamesische Sprichwort: «Lerne zu essen, ehe du zu sprechen lernst» bringt die Bedeutung des Kochens in Vietnam auf den Punkt: Gutes, frisches Essen ist tief in den Strukturen und Ritualen des Alltagslebens verwurzelt und mit diesen verwoben.

Zwischen einem Frühstück, das aus einer dampfenden Schüssel der Nudelsuppe Pho besteht, und einem Abendessen mit der ganzen Familie wird das Mittagessen in Vietnam oft gemeinsam mit Freunden oder Kollegen an einem wuseligen Essensstand an der Straße eingenommen.

Frühlingsrollen können fast als Nationalgericht bezeichnet werden und werden überall verkauft – sei es von den Schulterkörben eines geschäftstüchtigen Straßenhändlers oder in einem schicken Restaurant. Normalerweise folgt dann ein süßer Imbiss, der aus Mungbohnen zubereitet und mit unglaublich starkem Kaffee mit Kondensmilch heruntergespült wird.

In den Bai Hoi genannten Bars, die lokal gebrautes, konservierungsmittelfreies Bier ausschenken, ist das Essen gut und günstig; man sollte sich aber vor Hund auf der Speisekarte in Acht nehmen. Die Vietnamesen sind in der Tat abenteuerliche Esser – beim Wandeln über die Märkte beeindruckten uns all die Insekten und Schlangen, die feil geboten wurden, genauso wie die Froschschenkel, die den Einfluss der französischen Kolonialvergangenheit in Vietnam zeigen. Jeweils am Ersten und Fünfzehnten jedes Mondmonats aber werden die traditionellen Restaurants zu wahren Königreichen für Vegetarier; dann nämlich, wie es der buddhistische Brauch vorgibt, beherrscht das sogenannte «buddhistische Fleisch», auch als «Seitan» bekannt – eine Fleischattrappe, die aus Weizengluten hergestellt wird –, die Speisekarten.

Den Vietnamesen ist das Frischeste des Frischen bei den Zutaten gerade gut genug, und so kaufen sie ihre Lebensmittel auch täglich auf dem Markt. Reis ist das wichtigste Grundnahrungsmittel. Ursprünglich von den Chinesen im Land eingeführt, wird er in Unmengen angebaut und ist integraler Bestandteil jeder Mahlzeit, ob in der Form von Reisnudeln, als Reiswraps oder schlicht als naturbelassenes Korn.

Eine allgegenwärtige Zutat der vietnamesischen Küche ist zudem Nuoc Mam, eine Soße, die aus gesalzenem Fisch hergestellt wird, der zwölf Monate lang fermentiert. Um die Gerichte zum einen komplett vegetarisch zuzubereiten, zum anderen aber weiterhin die perfekte Balance von sauren, süßen, scharfen und salzigen Geschmacksrichtungen zu erhalten, ersetzen wir die Fischsoße durch eine milde Sojasoße.

Kein Gericht in Vietnam ist vollständig, beinhaltet es nicht mindestes zwei oder drei Kräuter wie beispielsweise Basilikum, Dill oder Minze. Diese werden dann gerne mit Zitronengras, Ingwer und Limette sowie mit Sternanis, Zimt, Gewürznelken und der Fünf-Gewürz-Mischung Pae Lo (aus China stammende Gewürzmischung) kombiniert.

Im Uhrzeigersinn von links oben: Diese Tofukuchen wurden in Halong feil geboten; ein emsiger Markt in Hoi An; Waren auf einem Straßenmarkt in Hanoi; wie hier im alten Händlerviertel wird das Essen oft transportiert

«Buddhistischer Fleisch»-Eintopf

500 g «buddhistisches Fleisch» (Seitan), in mundgerechte Stücke geschnitten

5 Baby-Auberginen, in Würfel geschnitten

3 EL Sonnenblumenöl

1 mittelgroße rote Zwiebel, klein geschnitten

3 Karotten, in Würfel geschnitten

½ TL Kreuzkümmel, gemahlen

½ TL Koriander, gemahlen

4 Sternanise

1 EL brauner Zucker oder wahlweise klarer Honig

250 ml Gemüsebrühe

3 Lorbeerblätter

eine gute Handvoll Basilikum, gehackt

Für die Marinade

2 TL Kurkuma, gemahlen

2 scharfe rote Chilischoten, klein geschnitten

3 Knoblauchzehen, gehackt

ein 5 cm langes Stück Ingwer, geschält und in Streifen geschnitten

2 Stangen Zitronengras, zerdrückt, in 2 cm lange Stücke geschnitten

1 ½ TL Pae Lo

½ TL grober schwarzer Pfeffer

2 EL milde Sojasoße

1 EL Sesamöl

Zum Garnieren

100 g Bohnensprossen

5 Frühlingszwiebeln, klein geschnitten

eine Handvoll Koriander, gehackt

Vermengen Sie zuerst die Zutaten für die Marinade und mischen Sie danach mit dem «buddhistischen Fleisch» sowie den Auberginen. Lassen Sie das Ganze anschließend für 15 Minuten ruhen.

Erhitzen Sie nun das Sonnenblumenöl in einem Wok und braten Sie darin die rote Zwiebel sowie die Karotten an, bis diese weich sind. Rühren Sie nun den Kreuzkümmel, den Koriander und den Sternanis ein und braten Sie alles unter stetem Rühren einige Minuten lang. Geben Sie anschließend das marinierte «buddhistische Fleisch» mit den Auberginen dazu. Lassen Sie das Ganze unter stetem Rühren einige Minuten lang ziehen, sodass alles eine bräunliche Farbe bekommt. Geben Sie dann den Zucker, die Brühe sowie den Lorbeer dazu. Garen Sie alles auf kleiner Flamme so lange, bis die Auberginen weich sind. Rühren Sie abschließend das Basilikum unter und schmecken Sie mit Salz und Pfeffer ab. Richten Sie den Eintopf mit Bohnensprossen, Frühlingszwiebeln sowie gehacktem Koriander an und reichen Sie warmes Baguette dazu.

Die Geschichte Hoi Ans, dem geschäftigen Hafen an der uralten Gewürzstraße, spiegelt sich in diesem aromatischen Wokgericht wider, das mit Kurkuma und schwarzem Pfeffer aus Indien, Lorbeerblättern von der Levante und dem chinesischen «Fünfergewürz» verfeinert wird.

In diesem traditionellen Currygericht wird das Rindfleisch durch Seitan ersetzt – ganz im Einklang mit der buddhistischen Tradition.

Seitan kann in Asia-Läden oder Feinkostgeschäften entweder in Dosen oder vakuumverpackt gekauft werden.

Pae Lo ist eine chinesische Gewürzmischung aus fünf Gewürzen.

Die Che-Läden sind der angesagteste Ort, um sich in Vietnam zu einem nachmittäglichen süßen Imbiss zu treffen. Ein Che ist ein süßes Gericht, für das gesüßte Kokosmilch entweder mit Bohnen, Klebreis oder Tapioka geköchelt wird, um dann im Sommer auf Eis mit Früchten und im Winter heiß serviert zu werden.

Die Vietnamesen lieben ihr Che sehr süß. Variieren Sie den Süßegrad nach Ihrem Geschmack.

In der Halong-Bucht wird das Wasser zur Handels- und Reiseroute

Süßes Che mit Mungbohnen

225 g geschälte Mungbohnen, die 3 Stunden lang eingeweicht und dann abgegossen und gespült werden

400 ml Kokosmilch aus der Dose

1 Vanilleschote, der Länge nach aufgeschnitten

¼ TL Salz

Palmzucker, klein gehackt, oder wahlweise brauner Zucker oder Honig nach Geschmack

3 EL geröstete Sesamsaat zum Garnieren

Garen Sie die abgetropften Mungbohnen mit so viel Wasser, dass die Bohnen bedeckt sind, auf kleiner Flamme weich. Gießen Sie das Bohnenwasser ab und pürieren Sie die Bohnen anschließend.

Kochen Sie die Kokosmilch mit der Vanilleschote in einem gusseisernen Topf auf. Rühren Sie dann das Salz sowie den Zucker mit einem Schneebesen ein und lassen Sie das Ganze auf kleiner Flamme für 5 Minuten vorsichtig ziehen.

Rühren Sie nun die pürierten Mungbohnen ein und köcheln Sie alles für weitere 5 Minuten auf kleiner Flamme. Das Che sollte eine dicke, suppige Konsistenz haben.

Richten Sie Ihr Che in Schalen an und bestreuen Sie es mit dem angerösteten Sesam.

Einer der Höhepunkte unserer Vietnam-Reise waren die Tage, in denen wir auf einer Dschunke durch die stille und friedliche Meereslandschaft der Halong-Bucht mit ihren turmhoch aufragenden Kalksteininseln schipperten. Es fühlte sich an, als seien wir Teil eines lebendig gewordenen chinesischen Gemäldes. Diese werden zusammengerollt aufbewahrt und nur in besonderen Momenten ausgebreitet. Die Halong-Bucht hielt jene besonderen Momente für uns bereit.

Banh Xeo (Kokosmilch-Crêpes)

Ergibt ca. 6 Crêpes

Sonnenblumenöl
4 Schalotten, klein geschnitten
2 Knoblauchzehen, gehackt
1 scharfe rote Chilischote, klein
   geschnitten
175 g mariniertes Tofu, klein
   geschnitten
175 g Shiitakepilze, klein
   geschnitten
100 g Enokipilze, ganz
2 Frühlingszwiebeln, klein
   geschnitten
eine Handvoll Bohnensprossen

Für den Teig

80 g Reismehl
½ TL Kurkuma, gemahlen
½ TL Zucker
250 ml Kokosmilch
2 mittelgroße Eier, gequirlt
6 Frühlingszwiebeln, sehr klein
   geschnitten

Zum Anrichten

eine Handvoll Koriander
eine Handvoll Minze
Nuoc Cham-Soße zum Dippen

Bereiten Sie zunächst den Teig zu: Mischen Sie dafür das Reismehl mit der Kurkuma und dem Zucker und rühren Sie anschließend die Kokosmilch und 250 ml Wasser ein. Es sollte ein sämiger Teig entstehen. Rühren Sie nun die verquirlten Eier und die Frühlingszwiebeln ein und schmecken Sie mit Salz und Pfeffer ab. Stellen Sie den Teig zur Seite, während Sie nun die Pilze vorbereiten.

Erhitzen Sie 3 EL Sonnenblumenöl in einer Pfanne mit Antihaftbeschichtung und braten Sie darin die Schalotten, den Knoblauch, den Chili, den Tofu sowie die Shiitakepilze unter stetem Rühren goldgelb an. Geben Sie ganz zum Schluss noch die Enokipilze, die Frühlingszwiebeln sowie die Bohnensprossen dazu. Schmecken Sie das Ganze mit Salz und Pfeffer ab. Geben Sie den Pfanneninhalt auf einen Teller und wischen Sie dann die Pfanne mit etwas Küchenpapier aus.

Erhitzen Sie für die Zubereitung der Pfannkuchen 1 ½ TL Sonnenblumenöl in der gleichen Pfanne. Sobald das Öl zu dampfen beginnt, verteilen Sie eine Schöpfkelle Teig gleichmäßig in der Pfanne. Decken Sie diese mit einem Deckel ab, bis der Pfannkuchen in der Mitte durch und am Rand braun und knusprig ist.

Geben Sie nun eine Portion Pilzmischung auf den Pfannkuchen und klappen Sie ihn zusammen. Braten Sie das Ganze nochmals für ungefähr eine Minute.

Servieren Sie die Pfannkuchen mit Minze, Koriander und der Nuoc Cham-Soße.

Diese zischenden Kokosmilchcrêpes, die mit Pilzen, Tofu und Bohnensprossen gefüllt werden, sind ein klassischer Mix aus französischer und vietnamesischer Küche.

Der marinierte Tofu kann fertig in gut sortierten Supermärkten, Feinkostläden oder Asia-Läden gekauft werden.

Leitern- und Bambusverkäuferinnen in der Altstadt von Hanoi

Zu jeder Mahlzeit in Vietnam gibt es eine Soße zum Dippen, und auf jedem Gedeck gibt es eine kleine Schale dafür. Die beliebteste Soße ist Nuoc Cham. Neben den genannten Zutaten im Rezept werden ihr oft noch weitere Zutaten wie geraspelter Ingwer oder zerkleinerte geröstete Erdnüsse zugegeben.

Nuoc Cham-Soße

2 EL brauner Zucker oder Honig

2 EL heißes Wasser

2 EL Limettensaft mit Fruchtfleisch

2 EL milde Sojasoße

1 EL Reisweinessig

2 TL Knoblauch, zerstoßen

2 scharfe rote Chilischoten, sehr fein gehackt

Optionale Zutaten

ein 5 cm langes Stück Ingwer, geschält und geraspelt

eine Handvoll geschälte ungesalzene Erdnüsse, gehackt und goldbraun angeröstet

Verrühren Sie den braunen Zucker mit dem Wasser, sodass sich der Zucker auflöst. Rühren Sie anschließend die anderen Zutaten ein. So einfach – so köstlich.

Pho (vietnamesische Nudelsuppe)

In der Altstadt von Hanoi stießen wir durch Zufall auf eine Straße, in der sich ein Verkaufsstand für Pho-Nudeln an den nächsten reihte. Wir wählten einen Tisch an jenem Stand aus, der am meisten Zulauf hatte und so der beliebteste zu sein schien, und hatten, auf sehr niedrigen Stühlen sitzend, das originale Erlebnis, eine Schale Pho-Nudelsuppe zum Frühstück zu schlürfen.

Bereiten Sie erst die einfache Brühe zu, ehe Sie die einzelnen Suppeneinlagen vorbereiten. Dafür ist Zeit, während die Brühe vor sich hin köchelt. Servieren Sie die Beilagen am Tisch in einzelnen Schalen, sodass sich jeder selbst nehmen kann, was er will.

Für die Brühe

1 mittelgroße Zwiebel, geviertelt
6 Knoblauchzehen, klein geschnitten
ein 5 cm langes Stück Ingwer, geschält und klein geschnitten
4 Sternanise
2 Zimtstangen
6 Gewürznelken
2 l Gemüsebrühe
3 EL milde Sojasoße
1 Stange Lauch, gewaschen und in vier gleichlange Stücke geschnitten
400 g flache Reisnudeln, nach der Verpackungsanleitung zubereitet, abgegossen und gespült, zum Anrichten

Einlagen

150 g frische Shiitakepilze, klein geschnitten
250 g Tofuwürfel
100 g Bohnensprossen
eine gute Handvoll frischer Spinat, klein geschnitten
4 Frühlingszwiebeln, sehr klein geschnitten
3 scharfe Chilischoten, fein gehackt

Zum Garnieren

eine Handvoll Basilikum, grob gehackt
eine Handvoll Koriander
2 Limetten, geviertelt
eine kleine Schale Hoisin-Soße

Braten Sie zunächst die Zwiebel mit dem Knoblauch und dem Ingwer einige Minuten lang unter stetem Rühren auf kleiner Flamme in einem Kochtopf an. Geben Sie dann die Gewürze dazu und rösten Sie alles für ungefähr eine Minute an, sodass sich die Aromen gut entfalten.

Nehmen Sie nun den Topf vom Herd und lassen Sie das Ganze abkühlen. Geben Sie anschließend die Brühe, die Sojasoße und den Lauch dazu und schmecken Sie alles mit Salz und Pfeffer ab. Köcheln Sie das Ganze nochmals bei geschlossenem Deckel auf kleiner Flamme für 20 Minuten. Seihen Sie schließlich die fertige Brühe durch ein Sieb ab.

Bereiten Sie in der Zwischenzeit die Einlagen vor und richten Sie diese in der Mitte des Tisches an.

Geben Sie beim Servieren je eine Portion Nudeln in eine tiefe Schale, wählen Sie dann die von Ihnen bevorzugten Einlagen und gießen Sie zum Schluss eine Kelle Brühe darüber (achten Sie darauf, dass die Brühe beim Servieren siedend heiß ist). Garnieren Sie das Ganze mit Basilikum und Koriander, einem Schuss Limettensaft sowie etwas Hoisin-Soße.

Nudelsalat Bun Cha

450 g Reisnudeln (in der Form von
  Vermicelli)
300 g Austernpilze
Sonnenblumenöl zum Braten
4 Knoblauchzehen, klein
  geschnitten
150 g Mungbohnensprossen
2 Landgurken, in Streifen
  geschnitten
4 Frühlingszwiebeln, klein
  geschnitten
eine gute Handvoll Koriander,
  gehackt
eine gute Handvoll Basilikum,
  gehackt
eine gute Handvoll Minze, gehackt

eine Handvoll Dill, fein gehackt
5 Blätter Romagna-Salat, gehackt
1 TL grober schwarzer Pfeffer
175 g geschälte ungesalzene
  Erdnüsse, fein gehackt und
  goldbraun geröstet

Für das Dressing
60 ml Limettensaft
60 ml milde Sojasoße
1 EL Reisweinessig
2 TL klarer Honig
eine Knoblauchzehe, gehackt
2 scharfe rote Chilischoten, klein
  geschnitten

Kochen Sie die Nudeln in Salzwasser weich, gießen Sie dann das Kochwasser ab und spülen Sie die Nudeln klar. Stellen Sie sie anschließend zur Seite.

Braten Sie die ganzen Austernpilze mit dem klein geschnittenen Knoblauch in Sonnenblumenöl goldbraun an.

Verquirlen Sie die Zutaten für das Dressing so lange, bis sich der Honig aufgelöst hat. Mischen Sie dann das Dressing mit den Nudeln sowie den restlichen Zutaten.

Geben Sie zum Schluss die in Knoblauch angebratenen Austernpilze auf die Nudeln.

Dieser Reisnudelsalat mit Kräutern wird mit in Knoblauch angebratenen Austernpilzen serviert.

Wir staunten, als wir diesem «Spediteur» auf dem Highway 1 begegneten – in Vietnam jedoch sind derart bepackte Fahrräder alltäglich

Diese Frühlingsrollen mit Pilzen und Wasserkastanien, die in die pikante Nuoc Cham-Soße gedippt werden, stillten unsere hungrigen Mägen auf der atemberaubenden Reise nach Hoi An.

Vietnamesische Frühlingsrollen

Ergibt ca. 24 Frühlingsrollen

Eine Packung rundes Reispapier
   (je ca. 15 cm im Durchmesser)
Öl zum Anbraten

Für die Füllung
50 g Reisnudeln, gekocht,
   abgetropft, gespült und in 2 cm
   lange Stücke geschnitten
6 mittelgroße frische Shiitakepilze,
   klein geschnitten
15 g getrocknete Mu-Err-Pilze, so
   lange in kochendem Wasser
   eingeweicht, bis sie weich sind,
   abgetropft und klein geschnitten

60 g Wasserkastanien aus der Dose,
   abgetropft und grob gehackt
1 mittelgroße Karotte, geraspelt
60 g Bohnensprossen
3 Schalotten, sehr klein geschnitten
1 EL Sojasoße
¼ TL schwarzer Pfeffer, gemahlen
1 großes Ei, verquirlt

Mischen Sie zunächst alle Zutaten für die Füllung miteinander.

Bereiten Sie dann die Frühlingsrollen zu: Tauchen Sie dafür zuerst ein Reispapier in eine Schüssel mit heißem Wasser, legen Sie es dann auf ein Schneidebrett und geben Sie schließlich einen gehäuften TL Füllung etwas unterhalb der Mitte auf die Ihnen zugewandte Seite des Reispapiers. Falten Sie dieses nun einmal über die Füllung und klappen Sie dann die Seiten ein. Zum Schluss rollen Sie das Ganze so, dass fest verpackte Frühlingsrollen entstehen. Wiederholen Sie den Vorgang so oft, bis die gesamte Füllung aufgebraucht ist. Decken Sie die fertigen Rollen mit Frischhaltefolie ab, bis sie ausgebraten werden können.

Erhitzen Sie genug Öl in einem Wok, um die Frühlingsrollen kurz ausbraten zu können. Sobald das Öl heiß genug ist, braten Sie jeweils fünf Stück gleichzeitig goldbraun auf allen Seiten an. Tupfen Sie die Rollen anschließend mit etwas Küchenpapier trocken und reichen Sie dazu die Nuoc Cham-Soße (siehe Seite 195) zum Dippen.

Einfache Suppen mit Gemüseeinlagen

Zu den meisten Mahlzeiten werden eine leichte Suppe und in Knoblauch angebratenes Gemüse gereicht. Wenn man sie mit etwas Reis serviert, erhält man
auch ein sättigendes Mittag- oder Abendessen.

Die Suppe

2 EL Sonnenblumenöl

4 Schalotten, klein geschnitten

2 Knoblauchzehen, gehackt

ein 2,5 cm langes Stück Ingwer,
geschält und in Streifen
geschnitten

1 scharfe rote Chilischote, sehr
klein geschnitten

Brühe, wie sie im Rezept für Pho
auf Seite 197 angegeben ist,
jedoch ohne Nudeln

2 EL milde Sojasoße

25 g getrocknete Mu-Err-Pilze, so
lange in kochendem Wasser
eingeweicht, bis sie weich sind,
abgetropft und in dünne Stücke
geschnitten

1 kleine Dose Strohpilze (225 g),
abgetropft und der Länge nach
halbiert

6 Stangen Spargel, in 2 cm lange
Stücke geschnitten

2 mittelgroße Karotten, in Streifen
geschnitten

¼ TL schwarzer Pfeffer, gemahlen

eine Handvoll Koriander, gehackt

Sautieren Sie die Schalotte mit dem Knoblauch, dem Ingwer und dem Chili in
einem Topf mit heißem Öl so lange, bis alles weich ist.

Geben Sie nun die Brühe, die Sojasoße, die Pilze, den Spargel und die
Karotten dazu. Köcheln Sie alles auf kleiner Flamme, bis das Gemüse gar ist.
Geben Sie dann den gehackten Koriander dazu und schmecken Sie mit Salz und
Pfeffer ab.

Unsere Tage in Hanoi
begannen wir mit
frühmorgendlichen
Spaziergängen durch den
Nebel um den Hoan Kiem-
See (siehe Foto rechts).
Die Ufer des Sees bildeten
die Kulisse für die
gymnastischen Übungen
der Tai-Chi-Anhänger, und
die im See gelegene
Tempelinsel Ngoc Son war
voll von Gläubigen und
von Weihrauchwolken
umweht.
In Hanois altem Viertel
verliefen wir uns im
Labyrinth der engen, mit
Bäumen gesäumten
Straßen, in denen wir auf
winzigen Plastikstühlen in
Straßencafés schüssel-
weise die Nudelsuppe Pho
aßen.

In Vietnam wird dieses Rezept dafür verwendet, saisonales grünes Gemüse wie Wasserspinat, Pak Choi (ein naher Verwandter des Chinakohls) oder sogar Kürbisblätter im Wok zuzubereiten. Nehmen Sie dafür einfach dasjenige Gemüse, das leicht zu bekommen ist und das Sie mögen.

Das Gemüse

2 EL Sesamöl

6 Knoblauchzehen, gehackt

2 scharfe rote Chilischoten, klein geschnitten

½ TL grober schwarzer Pfeffer

450 g gewaschenes Gemüse, grob gehackt, nach Wunsch und Möglichkeit

2 EL milde Sojasoße

Braten Sie den Knoblauch mit den Chilischoten in heißem Öl im Wok goldbraun an. Geben Sie anschließend den schwarzen Pfeffer sowie das Gemüse dazu und braten Sie alles kurz unter stetem Rühren an, sodass das Gemüse etwas in sich zusammenfällt.

Rühren Sie zum Schluss die Sojasoße ein und servieren Sie sofort.

Blattsalat-Wraps mit mariniertem Tofu und Kräutern

500 g fester Tofu

Romagna-Salat, in ganzen Blättern, gewaschen und der Breite nach halbiert

2 mittelgroße Karotten, in Streifen geschnitten

½ Kohlrabi oder wahlweise weißer Rettich, geschält und in Streifen geschnitten

eine Handvoll Minze

eine Handvoll Basilikum

gedämpfter Jasminreis zum Anrichten

Für die Marinade

Saft von 4 Limetten

5 TL klarer Honig oder wahlweise brauner Zucker

3 EL Sojasoße

1 EL Sesamöl

2 Stangen Zitronengras, sehr fein geschnitten

2 scharfe rote Chilischoten, fein gehackt

3 Knoblauchzehen, fein gehackt

Schneiden Sie zunächst den Tofu in Stücke zu je 0,5 cm. Trocknen Sie die Tofustücke von beiden Seiten mit Küchenpapier ab und legen Sie sie in eine flache Schüssel.

Verquirlen Sie nun die Zutaten für die Marinade miteinander und gießen Sie diese über den Tofu. Lassen Sie das Ganze für eine halbe Stunde stehen.

Während sich der Tofu mit der Marinade verbindet, können Sie nun die Zutaten für die Wraps vorbereiten. Arrangieren Sie diese kunstvoll auf einer großen Servierplatte.

Grillen oder braten Sie den Tofu auf beiden Seiten goldbraun an. Gießen Sie die übrig gebliebene Marinade in eine Schüssel und nutzen Sie sie als Dip für die Wraps.

Servieren Sie den Tofu sofort. Die Wraps werden auf die folgende Art gewickelt: Legen Sie ein Salatblatt mit Minze und Basilikum sowie mit den Karotten- und Kohlrabistreifen aus. Geben Sie darauf ein Stück heißen Tofu und rollen Sie anschließend das Salatblatt so ein, dass ein Wrap entsteht. Dippen Sie diesen in die Marinade und lassen Sie sich etwas in Dampf gegarten Jasminreis dazu schmecken.

Zur Mittagessenszeit ziehen die aromatischen Gerüche von gegrilltem Knoblauch und Zitronengrasfüllungen durch die Straßen von Hue. Speisen vom Grill sind in Vietnam äußerst beliebte schnelle Mittagsgerichte.

Bei einem dieser Grillgerichte werden marinierte Tofustücke direkt vom Grill in knackige Salatblätter, die mit frischen Kräutern ausgelegt sind, gewickelt und dann in eine pikante Soße aus Sesam und Zitronengras gedippt (siehe Foto oben).

In Hanoi hatten wir die Angewohnheit, früh morgens spazieren zu gehen. Die erste Anlaufstelle war dabei ein Café am Ufer des noch im Morgennebel verhangenen Hoan Kiem-Sees. Hier genossen wir ein Glas vietnamesischen Kaffee und warmes Baguette und sahen der Sonne dabei zu, wie sie über dem Ngoc Son-Tempel aufging. Der Kaffee in Vietnam ist stark und lieblich mit einem charakteristischen Vanillearoma. Er wird, durch einen kleinen Metallfilter tröpfelnd, in einer reichlichen Menge Kondensmilch serviert. In der nachmittäglichen Hitze wird der Filterkaffee mit der Kondensmilch auch gerne auf Eis kredenzt.

Vietnamesischen Kaffee kann man in ausgesuchten Kaffeeläden kaufen. Sie können den typischen Geschmack aber auch dadurch nachahmen, dass Sie einen starken, dunkel gerösteten Kaffee wie beispielsweise Arabica oder Robusta mit einigen Tropfen Vanilleextrakt verwenden und natürlich Kondens- statt Frischmilch.

Café au lait à la Vietnam

dunkel gerösteter Arabica- oder
   Robusta-Kaffee, fein gemahlen
Kondensmilch

Vanilleextrakt nach Geschmack
Eiswürfel (optional)

Wir bereiten diesen Kaffee immer auf die typisch vietnamesische Art und Weise zu. Dafür halten wir einen Kaffeefilter für nur eine Tasse, der mit Filterpapier ausgelegt ist, über ein Glas mit einem guten Schuss Kondensmilch darin. Nehmen Sie ungefähr 3 TL Kaffeemehl pro Filter. Alternativ kann man auch einen starken Espresso an seiner Espressomaschine brühen.

Für welche Methode Sie sich auch immer entscheiden – gießen Sie auf jeden Fall zunächst ungefähr 1 cm Kondensmilch in das Glas, geben Sie dann einige Tropfen Vanilleextrakt dazu und füllen Sie abschließend mit ungefähr 4 cm starken Kaffee auf.

Sollten Sie einen Eiskaffee haben wollen, gießen Sie einfach den fertigen Kaffee in ein bis zur Hälfte mit Eiswürfeln gefülltes Glas.

Kein Ort in Hanoi verbindet den Charme vergangener Tage besser mit dem der Gegenwart als das Metropole Hotel. Die Räume im alten Flügel scheinen mit ihren hochglanzpolierten Holzböden, ihrem antiquierten Mobiliar und ihren Deckenventilatoren geradezu einem Roman von Graham Greene entsprungen zu sein. Unsere Entscheidung, hier abzusteigen, schenkte uns eine der schönsten Erfahrungen auf unseren gesamten Reisen. Es war, als ob man geradewegs in jene Ära zurückreisen könnte, in der das Hotel die «Grande Dame Indochinas» war und als eines der besten Hotels östlich von Suez galt.

Rezeptverzeichnis nach Ländern

world food café

Carolyn & Chris Caldicott

VEGETARISCHE GERICHTE AUS ALLER WELT

192 Seiten, durchgeh farbig, geb.
ISBN 978-3-7725-2521-6

«Carolyn und Chris Caldicott sind im Auftrag der Royal Geographical Society, der BBC und der Times bis ans Ende der Welt gereist. Wie die alten Entdecker haben sie sich ins Abenteuer der Genüsse gestürzt, die buntesten Rezepte erbeutet (112 an der Zahl) und ihre vegetarischen Leidenschaften mit erhellenden Reiseberichten garniert: Ein Linsen-Reisgericht vom Annapurna, ein Regenwaldgemüse aus Borneo mit Kurkuma, Mandeln und Blumenkohl. Ein dunkelrotes Gemüse aus Rajasthan wird in einer Mohnsoße serviert, von Auberginen in einer Soße aus pürierten Datteln haben wir noch nie gehört, geschweige denn gegessen. So schmeckt die Welt …

Dieses kleine Kochbuch kann zaubern. Es verwandelt unsere Teller in ein einzigartiges, wohlschmeckendes Abenteuerland.»

Frank Brunner, Deutsches Institut für Koch- und Lebenskunst

Verlag Freies Geistesleben

Carolyn & Chris Caldicott

VINTAGE TEA PARTY

128 Seiten, durchgeh. farbig, geb.
ISBN 978-3-7725-2529-2

Ob Tee im Salon, im Garten, am Kamin oder im Kinderzimmer – Carolyn und Chris Caldicott haben Rezepte zur Teatime zusammengestellt, die sie aus ihrer Heimat England kennen und lieben, und lassen uns schon beim genüsslichen Betrachten der Fotos ganz nostalgisch werden.

Lassen Sie sich von ausgewählten Teesorten, von feinen Kuchen und delikaten Häppchen, von traditionellen Scones und duftenden Crumpets, von raffinierten Sandwiches und all den anderen Köstlichkeiten verführen, die auf einer klassischen englischen Tea Party serviert werden. Laden Sie Ihre Freunde ein und machen Sie aus Ihrem Zuhause einen Tearoom, der durch Eleganz, Gemütlichkeit und stilvolle Details besticht.

Verlag Freies Geistesleben